Schluss. Aus. Ende.

Für Lene
Das Warum könnte ein weiteres Buch füllen

Natalie Harapat

Schluss.
Aus.
Ende.

33 wahre Geschichten von fiesen Herzensbrechern,
verletzten Verlassenen und spektakulären Trennungen

Schwarzkopf & Schwarzkopf

INHALT

Nöö,

ANFANG

FRED

Liebe Leserinnen!
Liebe Leser!

Vorwort

Sie schmerzt wie nichts anderes. Unvergleichbar und unvergesslich. Diese Erfahrung wünscht man niemandem und doch müssen wir sie alle irgendwann einmal durchmachen: die Trennung.

Tränen fließen wie Wasserfälle die Wangen hinab. Man braucht mehr Taschentücher als bei einer Erkältung. Jeder Song, jeder Film und jedes Buch wecken Erinnerungen an die frisch zerbrochene Liebe. Freunde werden zu Seelentröstern (»Alles wird gut!«), sind die berühmte Schulter zum Anlehnen (»Es tut mir so leid für dich.«) und ersetzen – wenn nötig – auch die strenge Mutter (»Jetzt lass dich bloß nicht hängen!«). Es wird massig viel Wein getrunken. Nächte werden zu Tagen. Jede Party muss mitgenommen werden. Und manchmal auch der ein oder andere Lückenfüller.

Aber es ändert nichts: Auf eine Trennung folgt meist eine schwere Zeit.

Ist diese dann aber nach Wochen, Monaten oder gar Jahren überstanden, dann war sie rückblickend »gar nicht so spektakulär«, »nichts Besonderes eigentlich« oder »nicht der Rede wert«.

Ich habe nachgefragt und gebohrt, die Wunden wieder aufgerissen und mir das Ganze noch einmal genauer angeschaut. Und siehe da, die meisten Trennungen waren weder »unspektakulär«

noch »nichts Besonderes«. Vor allem waren sie eins: erzählens-wert.

Ich habe mit weinenden Verlassenen in Cafés gesessen, am Telefon ihren hasserfüllten Stimmen gelauscht und ihre Rachepläne verfolgt. Ich habe vielen Menschen Geschichten abgeluchst, die mich überrascht haben, teilweise geradezu unglaublich waren. Und nun liegt die ganze Arbeit der letzten sechs Monate hier in Buchform vor euch: 33 wahre Schlussmach-Geschichten.

Dieses Buch dient keinem anderen Zweck als der Unterhaltung. Es ist weder ein schlauer Ratgeber voller Weisheiten noch ein zuckriges Märchenbuch. Es kann niemanden vom Trennungs-schmerz heilen und ist auch nicht darauf ausgelegt. Denn auch wenn ich euch das Ganze gern abnehmen würde: Da müsst ihr alleine durch.

Doch ich verspreche euch, es kommt der Tag, an dem euch eure Trennung als »gar nicht so spektakulär«, »nichts Besonderes eigentlich« und »nicht der Rede wert« erscheinen wird. Und vielleicht habt ihr dann sogar Lust, sie mir zu erzählen.

Denn das Leben schreibt immer noch die besten Geschichten.

Köln, im Juni 2011

Natalie Harapat

1

Früher oder später findest du es sowieso heraus

Marie (25), Studentin, Gießen,
über
Kim (28), Dachdecker, Frankfurt am Main

Im Nachhinein frage ich mich, was ich mir bei meiner bisherigen Männerwahl eigentlich gedacht habe. Ich kann offenbar nicht zwischen echter Zuneigung und Angst vor Einsamkeit unterscheiden. Ein beeindruckendes Beispiel dafür war meine Beziehung zu Kim.

Als ich ihn zum ersten Mal sah, war es um uns herum laut, verraucht und ziemlich dunkel. Das haben Diskotheken so an sich – außer der Besitzer will den Abend für beendet erklären, dann macht er die Lichter an. Es gibt viel Unangenehmes auf dieser Welt. Der Blick in grelles Neonlicht nach einer durchzechten Nacht gehört eindeutig dazu. Man könnte meinen, dass diese schlechten Bedingungen meine »Sicht« schon genug beeinflussten. Aber zudem hatte ich auch noch zu viel getrunken.

Ich bin nicht zimperlich, wenn es ums Trinken geht. Ich kann ordentlich den Vogel abschießen. So ordentlich, dass mich nur die auf ein Stück Bierdeckel gekritzelte, mir unbekannte Telefonnummer in meinem Portemonnaie an die Begegnung mit Kim erinnerte. Und das auch nur schwach.

Er hatte sie mir gegeben, weil ich ihm meine verweigert hatte. Das hätte damals ein Zeichen für mich sein müssen. Sogar im tiefsten Rausch hatte ich diesen Mann nicht toll gefunden.

Ich beschloss, erst einmal nicht anzurufen. Wegschmeißen konnte ich die Nummer aber trotzdem nicht. Also trug ich sie fleißig mit mir herum. Bestimmt ein paar Wochen lang. Längst hatte ich sie vergessen, bis sie mir eines Tages wieder in die Hände fiel.

Zwangsläufig dachte ich daran, ihn anzurufen. Er würde sich sicher riesig freuen, wenn ich mich melde. Schließlich hatte er mich, meiner schwachen Erinnerung nach, richtig toll gefunden. Wahrscheinlich hatte er meinetwegen schlaflose Nächte gehabt. Ich musste ihn erlösen.

Am Telefon war ich dann aber leider zuallererst gezwungen, ihm zu erklären, wer ich überhaupt sei. Er erinnerte sich nämlich noch viel weniger an diesen Abend als ich. Doch davon ließ ich mich nicht abschrecken. Wir machten ein Treffen aus.

Es war Februar. In meinen Leoprint-Ballerinas fiel mir das Warten in der Halle des Hauptbahnhofs Frankfurt am Main schwer, denn die zugige Luft war sehr kalt. Er kam zu spät. Generell bin ich zu geizig, um Menschen mit anderen Handynetzen hinterherzutelefonieren, aber langsam wurde die Kälte unerträglich. Beim ersten Tuten sah ich in der Nähe einen unattraktiven Typen, der anfing, in seiner Hosentasche zu wühlen. Kurz dachte ich daran, dass das Kim sein könnte, verwarf den Gedanken jedoch schnell. Als der Typ wirklich ein Handy aus der Hosentasche zog und an sein Ohr führte, reichte es gerade noch für ein Stoßgebet: Oh bitte, lass es nicht Kim sein – bitte!

Der Typ begann zu sprechen und bei mir tutete es immer noch. Puh, Glück gehabt. Kim ging dann auch ran. Er wartete an einer anderen Stelle. Ich ignorierte meinen leichten Ärger darüber, dass er als Gentleman auch auf die Idee hätte kommen, mich anzurufen.

Und dann sah ich Kim zum ersten Mal bewusst. Ohne Sicht-beeinflussung. Er war hübsch. Olivfarbene Haut, exotische, mongolische Gesichtszüge und stechend grüne Augen. Bald erfuhr ich, dass ägyptische und vietnamesische Gene ihm diesen Look verliehen hatten.

Frankfurt war schon immer meine Lieblingsstadt. Jedes Mal wenn ich die Skyline auch nur von Weitem sehe, bekomme ich eine Gänsehaut. Am besten ist es, neben einem Wolkenkratzer zu stehen und in den Himmel zu schauen. Man hat das Gefühl, die Spitze des Gebäudes erreiche mühelos die Wolken.

Und hier wohnte Kim. Wahnsinn. Mit dem Auto seiner Schwes-ter, das er sich extra für diesen Tag geliehen hatte, fuhren wir durch Frankfurts Straßen. Durch die Fensterscheiben zeigte er mir alles, was man von Frankfurt gesehen haben musste. Die Goethestraße mit den teuren Geschäften, in denen einzukaufen mir wohl niemals möglich sein würde, das Messegelände und sogar den Zoo.

Irgendwann fragte er mich, ob ich denn hungrig sei. Das Früh-stück lag bereits eine ganze Weile zurück und mein Magen ziepte schon länger unangenehm. Anstatt dies kundzutun und mich von seinem Vorschlag erlösen zu lassen, sagte ich: »Ach, nein. Irgendwie nicht.« Erklärung: Ich bin immer blank. Und wenn ich es nicht bin, bin ich gerade dabei, mein restliches Geld aus dem Fenster zu schmei-ßen. Es gibt Menschen, die mit Geld umgehen können. BWLer zum Beispiel. Die

Als der Typ wirklich ein Handy aus der Hosentasche zog und an sein Ohr führte, reichte es gerade noch für ein Stoßgebet: Oh bitte, lass es nicht Kim sein – bitte!

machen sich für alles Excel-Listen und tragen brav ein, was sie ausgegeben haben und was im jeweiligen Monat noch drin ist. Manche machen sogar Jahresplanungen. Für mich liegt das Ver-hältnis von »Geld haben« zu »kein Geld haben« etwa bei 1 zu 99 Prozent. Es ist also jeden Tag zu 99 Prozent wahrscheinlich, dass ich keins habe.

So auch an diesem Tag. Aber ich hatte Glück, denn Kim hatte Hunger: »Du kannst ja auch nur eine Kleinigkeit essen, oder soll ich was kochen?«

Normalerweise sollte man nicht schon beim ersten Date mit in die Wohnung des anderen kommen. Das ist so wie mit fleischfressenden Pflanzen und Fliegen: Lässt sich die Fliege auf einem der Blätter nieder, muss sie schon sehr viel Glück haben, um dieses Todesurteil zu überleben. Okay, mit in die Wohnung gehen ist vielleicht kein Todesurteil, aber es folgt auch nicht dem Sprichwort »Willst du gelten, mach dich selten«. Gar nicht.

Nun gab es zwei Möglichkeiten: Eine peinliche Situation riskieren, weil ich nicht genug Geld dabeihatte, um mein Essen in einem Restaurant zu zahlen, oder die Gelten-selten-Regel brechen und mich von ihm bekochen lassen.

»Nichts essen« ist für mich keine Option. Also entschied ich mich fürs Bekochtwerden.

Im Regeleinhalten bin ich einfach nicht gut.

Seine Wohnung lag in einem nicht ganz so schicken Viertel: Eckenheim. Eckenheim grenzt an Preungesheim und in Preungesheim gibt es einen Knast. Das verrät einiges über die Gegend. Eckenheim besteht aus Plattenbauten. Nicht so hohen wie in Berlin-Lichtenberg, aber Plattenbauten bleiben es.

Im Treppenhaus bröckelte der Putz von den Wänden. Kim warnte mich vor, dass ich nicht zu viel von seiner Wohnung erwarten solle. Sie gefalle ihm gar nicht, aber er habe auch nicht vor, in eine Wohnung zu investieren, in der er nicht bleiben würde. Klang damals logisch für mich. Heute weiß ich: Das Zuhause ist heilig. Wenn ich mich nicht wohlfühle, muss ich dort erst gar nicht einziehen.

Er hatte nicht zu viel versprochen: Die Räume waren spärlich eingerichtet. In der Küche stand ein Allzweckregal, wie es in jeder Gammel-WG vorzufinden ist. In Allzweckregalen sagen sich Nahrung, Besteck, Teller und Töpfe gute Nacht. Manchmal auch

Briefe und Werkzeug. Der Kreativität sind sozusagen keine Grenzen gesetzt. Im Wohnzimmer hatte er ein Sofa aus Lederimitat, auf das er mächtig stolz war. Obendrauf lag ein Deckchen, damit »nackte Haut« nicht unangenehm haften blieb. Kim war nämlich gern nackt. Aber dazu später mehr.

Er zog einen Sessel in den schmalen Flur seiner Wohnung, damit ich ihm beim Kochen zusehen konnte. Die Küche war zu klein für uns zwei. Ich mutmaßte, dass, sobald die Sonne zum Fenster hereinschien, nicht mal mehr Platz für eine Person sein würde. Kim machte sich ans Kochen. In der Zeit durfte ich seinen PC durchforsten und mir alle seine Fotos anschauen – mit Erklärung. Ich liebe Fotos. Ich könnte den ganzen Tag nichts anderes machen, als mir Fotos anzusehen. Außerdem fühlte ich mich geschmeichelt, dass er sie mir zeigte, obwohl wir uns noch nicht mal 24 Stunden kannten.

Irgendwann klickte ich auf ein Foto und da erschien jemand in einem Faschingskostüm. Jedenfalls dachte ich das auf den ersten Blick und lachte schon los. Doch dann lachte ich nicht mehr. Ich sah genauer hin und es zeigte sich mir eine blondierte Frau in einer roten Korsage mit passenden Strumpfhaltern und roten Nylons. Kim wurde durch mein verstummtes Lachen hellhörig. Er schaute mir über die Schulter und sagte nur: »Meine Ex, sie war Stripperin.«

So war das also in Frankfurt. Ich war hin- und hergerissen zwischen Faszination und Ekel. Dann klickte ich schnell weiter, um wieder ein normales Foto zu sehen.

Es gab Reis. Reis mit irgendeinem Geflügel. Ein Standardgericht unserer Generation. Lecker ist anders. Und Variation auch. Wir saßen nebeneinander auf der Lederimitat-Couch. Der Wohnzimmertisch, auf dem die Teller standen, war nicht dazu geeignet, an ihm zu essen – schon gar nicht, wenn es ästhetisch aussehen sollte. Wer wie Quasimodo über seinem Teller hängt, verliert all sein Sexappeal. Im Fernseher lief irgendwas. Den Fernseher sollte man nur anmachen, wenn man allein isst. Warum musste er gespannt Menschen in einer viereckigen Flimmerkiste beobachten, während eine echte Person, die er zu diesem Zeitpunkt noch nicht so gut kennen konnte, als dass er von ihr gelangweilt sein könnte, neben ihm saß? Manchmal bin ich für die Abschaffung dieser Kisten.

Nach dem Essen legte er sich gemütlich auf die Couch. Ich saß deplatziert daneben und kam mir bescheuert vor. Irgendwann bat er mich, mich zu ihm zu legen. Ungelenk quetschte ich mich neben ihn auf das Sofa, was eindeutig zu schmal für solche Aktionen war. Kurz darauf küssten wir uns und noch kürzer darauf schliefen wir miteinander. Im Schlafzimmer. Da war mehr Platz.

Er musste mich wirklich sehr toll finden, wenn er so schnell eine Beziehung mit mir wollte. An diesem Punkt begann meine über Monate anhaltende Verblendung.

Bei unserem nächsten Treffen gingen wir in den Botanischen Garten, eine große Parkanlage mitten in Frankfurt. Es war einer der ersten warmen Tage des Jahres und der Park war ordentlich besucht. Zu dem Zeitpunkt war ich noch sehr aufgeregt, denn ein Paar waren wir ja noch nicht. Dachte ich zumindest.

Nachdem wir auf einem Stein Platz genommen hatten, rief ein Freund von ihm an. Dieser Freund muss ihn wohl gefragt haben, was er gerade mache. Daraufhin sagte Kim: »Ich bin gerade mit meiner Freundin im Botanischen Garten.«

Wie bitte? Ich schwankte zwischen Empörung darüber, übergangen worden zu sein, und Freude, dass er eine Beziehung mit mir wollte. In solchen Momenten gehe ich mit mir ins Gericht und entscheide mich für eines dieser Gefühle. Ich entschied mich für Freude und ignorierte seine Antwort auf mein Nachfragen. »Ich wusste nicht, wie ich dich benennen sollte, ohne eine große Erklärung abzugeben.«

Wir waren ein Paar. Wow. Er musste mich wirklich sehr toll finden, wenn er so schnell eine Beziehung mit mir wollte.

An diesem Punkt begann meine über Monate anhaltende Verblendung.

Wir sahen uns einmal die Woche. Anfangs noch am Wochenende. Kims schwindendes Interesse an mir machte aus unseren gemeinsamen Wochenendmorgen den Freitagmorgen und ein frühes Flüchten seinerseits aus der Wohnung. Er machte eine Ausbildung und musste freitags arbeiten. Ich war Studentin und hatte freitags frei. Er konnte mir, ehrlich gesagt, nicht plausibel erklären, warum er mich nicht mehr am Wochenende sehen wollte. Für mich war das okay, Hauptsache ich sah ihn überhaupt.

Kim war, wie schon erwähnt, gern nackt. Bei mir ist es eher so, dass ich mich wohler fühle, wenn ich etwas anhabe. Kim gehört zu der Gattung Mann, die unter Jeans keine Boxershorts tragen, weil sie das angenehm finden. Befreiend. Für mich unvorstellbar, dass unkontrolliertes Gebaumel angenehm sein sollte. Anfangs hoffte er wohl, mich mit seinem Nudistentum anstecken zu können. Er erzählte mir, wie sehr es ihn reize, wenn Frauen unter Kleidern und Röcken keine Unterwäsche trugen. Auch das ist für mich unvorstellbar – schon allein aus hygienischen Gründen. Kleider und Röcke zu tragen war damals auch nicht gerade mein Stil.

Kim lag oft nackt auf dem Deckchen des Lederimitatsofas. Mich machte seine Nacktheit nervös. Nacktsein hat für mich Gründe. Man ist nackt, wenn man sich umzieht, duschen geht oder Sex hat. Alles andere macht mich nervös.

Meine Verblendung begann, sich zwar früh, aber nur sehr langsam abzubauen. Steinchen für Steinchen. Der Fernseher lief immer häufiger. Unterhaltungen führten wir immer seltener. Oft saß ich da und hätte so viel zu erzählen gehabt, aber ich wusste, dass es ihn nicht interessieren würde. Also sparte ich es mir. Das spielte sich in der Zeit, in der ich bei ihm war, hoch. Ein ungesagter Gedanke legte sich auf den vorherigen und als ich morgens wegfuhr, war es allerhöchste Zeit. Manchmal hatte ich das Gefühl, ich würde gleich platzen, so voll von Ungesagtem war ich.

Eines Abends saßen wir, wer hätte das gedacht, gemeinsam auf der Couch und sahen fern, als es klingelte. Er ging zur Tür. Kurz darauf bat er mich mit den Worten »Kannst du mal kurz ins Schlafzimmer gehen? Ich muss was mit jemandem klären!« aus dem Raum. Ich dachte mir nichts dabei und sah weiter fern, bis er den Jemand verabschiedet hatte und sich anschließend neben mich aufs Laken setzte.

»Ich muss dir etwas sagen.«

Das war kein gutes Zeichen. Bisher habe ich nach diesem Satz nie etwas Erfreuliches gehört. Mit »Ich muss dir etwas sagen« leitet man ein, etwas loszuwerden, das einen selbst beschwert, wenn man es nicht aussprächte. Hat man es dann ausgesprochen, fühlt man sich selbst leicht. Das liegt daran, dass man die Last der Sache an den anderen abgegeben hat. Ich machte mich schon mal auf das Schlimmste gefasst. Zumindest versuchte ich es, aber ich konnte mich zwischen all den schlimmen Dingen, die auf »Ich muss dir etwas sagen« folgen könnten, nicht entscheiden. »Meine heimliche Freundin ist schwanger«, »meine Mutter liegt im Sterben«, »ich hab meinen Ausbildungsplatz verloren«. Es gibt zu viel Schlimmes auf der Welt, als dass man sich auf »Ich muss dir etwas sagen« adäquat vorbereiten könnte.

»Früher oder später findest du es sowieso heraus. Der, der gerade hier war, dem hab ich Gras verkauft.«

Wie ich schon sagte, man kann sich nicht darauf vorbereiten.

»Wie, du verkaufst Gras? Hier? In dieser Wohnung? Während ich hier bin?«

»Ja.«

»Hast du den Verstand verloren? Ist dir klar, dass du mich mit in die Scheiße ziehst, wenn das rauskommt?«

Seine Ausrede war Geld. In seiner Ausbildung verdiente er seiner Meinung nach nicht genug. Menschen, die nichts können, verfallen immer in dieses »kriminelle« Schema. Frauen werden Nutte, Männer werden Dealer. Und später sagen sie den berühmten Satz: »Ich war jung und brauchte das Geld.« Kim erklärte mir, was es mit seinem Zweithandy auf sich hatte. Das hatte ich mich eh schon länger gefragt. Das Handy mit dem unüberhörbaren Klingelton war sein Dealer-Handy. Wie geschäftsmäßig.

Ich beruhigte mich etwas und wurde neugierig. Ich habe erst einmal in meinem Leben einen Joint geraucht. Als ich mit der Oberstufe in Avignon war. Eine damalige Freundin, deren Attraktivität die meine ums Tausendfache übertraf, und ich schlichen eines Abends gelangweilt durch die Ferienanlage und trafen auf zwei männliche Mitschüler. Einer von ihnen fragte uns nach Feuer. Wir hatten keines, aber in der Ferne sah ich, dass sich Menschen näherten.

»Warte, ich frag die mal«, sagte ich und war schon auf dem Weg. Bis der Mitschüler begriff, hatte ich schon gefragt. Woher sollte ich denn wissen, dass er sich mit dem Feuer einen Joint anzünden wollte?

Und tatsächlich steckte er sich dann den Joint an einem fremden Feuerzeug an. Da die beiden ganz heiß auf meine Freundin waren, fragten sie, ob wir mitrauchen wollten. Besagte Freundin hatte damit schon Erfahrung, ich nicht. Ich kann noch nicht mal Zigaretten rauchen. Falls man da überhaupt von »können« sprechen kann.

Wir tauschten Blicke aus und entschieden uns dafür. Gemerkt habe ich nichts. Gar nichts. Die Freundin meinte zwar, ich hätte die typischen großen Pupillen, aber im Spiegel konnte ich das nicht erkennen.

Das war's, mehr Erfahrung habe ich nicht mit Gras. Als Kim beteuerte, er würde selbst nicht rauchen, wurde mir klar, dass ich dieses bisschen Erfahrung mit ihm nicht vertiefen würde. Er zeigte mir die Blechbüchse, in der er »das Zeug«, wie er es nannte, aufbewahrte. Er öffnete den Deckel und eine unscheinbare getrocknete Knospe kam zum Vorschein.

Weil ich ihn so sehr mochte, akzeptierte ich es. Ich nahm ihm noch das Versprechen ab, mich niemals da mit reinzuziehen. Kurze Zeit später drehte dann der Dealer der Knospen den Dealern der Tütchen den Hahn ab und das Thema war ganz vom Tisch. Stattdessen hörte ich nur ständig das Gejammer »Kein Geld!«. »Kein Geld« war mir lieber als »Knast«.

Mein Geburtstag nahte. Ich kündigte ihn Kim ständig an. Ich kann mir Schwachsinn wie Geburtstage unglaublich gut merken. Oder Telefonnummern. Und auch meistens alle Namen mit dazugehörigen Gesichtern. Mit den Jahren wurde mir bewusst, dass das nicht jeder kann. Als »nur« noch ein Monat bis zu meinem Geburtstag war, intensivierte ich das Ankündigen. Ich bat ihn darum, zu mir nach Hause zu kommen. Meine Familie und Freunde kennenzulernen. So wie sich das gehört.

Anfangs war ich der Überzeugung, ich würde eines Tages all die Leute aus seinem Leben kennenlernen, die ich bereits von Fotos kannte. Seine Freunde, seine tausend Cousins, die dem Hörensagen nach in den umliegenden Blocks wohnten, seine Mutter und seine Schwester, die in meinem Alter war. Einen Monat vor meinem Geburtstag glaubte ich immer noch daran. Nach weiteren Monaten, in denen ich keinen einzigen seiner sozialen Kontakte zu Gesicht bekam, glaubte ich nicht mehr daran.

Statt mit seinen Freunden und seiner Familie machte mich Kim nur mit seinen charakterlichen Abgründen bekannt.

An meinem Geburtstag kam er drei Stunden zu spät und war dann auch noch zu blöd, unser Haus zu finden, sodass ich ihn zu Fuß abholen und führen musste. Eine ganze Stunde lang saß er stumm und mit gequältem Gesichtsausdruck am Geburtstagstisch, bis er meinte, er sei müde, ob er schlafen gehen könne. Ein wirklich großer Stein auf dem Weg von meiner Verblendung zur klaren Sicht traf mich schmerzhaft am Kopf. Später schlüpfte ich zu ihm ins Bett. Er war noch wach und – man höre und staune – sah fern. Feierlich bereitete er mich auf mein Geschenk vor. Ich war schon ganz aufgeregt. Er beugte sich über mich, um an seinen Rucksack zu kommen, und zog etwas Unverpacktes heraus. Nebenbei: Geschenke sollten verpackt sein. Immer. Und wenn es nur in Zeitungspapier ist. Aber sie sollten verpackt sein.

Als ich das »Geschenk« in Händen hielt, hätte ich Zeitungspapier sehr begrüßt. Es war ein blauer Vibrator in Form eines Delphins in einer Hartplastikverpackung. Ich starrte den Delfin an. Und Kim starrte mich an. Ich war unfähig, etwas zu sagen.

»Das wollte ich schon immer mal mit einer Frau ausprobieren.«

Was für ein selbstloses Geschenk, dachte ich mir. Deshalb nahm er es am nächsten Tag auch gleich mit. Er hatte wohl nicht vor, mich noch mal bei mir zu Hause zu besuchen. Ich war vorerst beruhigt, dass er in der Nacht meines Geburtstags zu müde zum »Ausprobieren« gewesen war.

> Statt mit seinen Freunden und seiner Familie machte mich Kim nur mit seinen charakterlichen Abgründen bekannt.

Unsere Treffen wurden immer zwanghafter. Ich wünschte mir, dass wir mehr miteinander unternahmen, damit wir uns nicht ständig anschweigen mussten. Trotzdem fuhr ich immer wieder nach Frankfurt, setzte mich neben Kim auf die Couch, schaute mit ihm das, was er sehen wollte, schlief mit ihm, danach neben ihm und am Morgen fuhr ich wieder nach Hause.

Gewohnheit nennt man das. Viele Menschen haben ein Problem mit Gewohnheit. Sie fühlen sich von ihr eingeschränkt und das stimmt auch in einem gewissen Sinne. Denn charakteristisch für Gewohnheit ist, dass man etwas automatisch tut, ohne sich Gedanken darüber zu machen. Wenn man merkt, dass etwas zur Gewohnheit geworden ist, ist es schon zu spät.

Als ich ein Praktikum in Frankfurt annahm, kam unsere Gewohnheit bedrohlich ins Wanken. So oft, wie ich Kim zuvor von meinem Geburtstag erzählt hatte, erzählte ich nun, dass ich bald zehn Wochen am Stück in Frankfurt sein würde und dass wir uns dann viel öfter sehen könnten. (Die Auswirkung der Restverblendung.)

Mein erster zehnstündiger Praktikumstag endete auf Kims Couch. Er hatte trotz meiner ständigen Ankündigungen vergessen, dass ich an diesem Abend vorbeikommen wollte.

Er bügelte gerade. Und hatte keinen Bock, den Abend mit mir zu verbringen. Er beschloss, sein Fahrrad zu reparieren, er beschloss, seinen Cousin zu besuchen, er beschloss, im Fitnessstudio zu trainieren. Er beschloss zu gehen. Allein. Mir war das recht.

Er war schon fast durch die Tür gehuscht, als er mir zurief: »Du kannst ja in der Zeit meine Wohnung saubermachen!«

In letzter Zeit äußerte er häufiger, ich könne meine freie Zeit dem Reinigen seiner Wohnung widmen. Hätte ich diese Wohnung tagtäglich oder wenigstens mehr als zwölf Stunden in der Woche gesehen – ich hätte diese Forderung verstanden. Ich bin für Gleichberechtigung. Wirklich.

Anfangs hielt ich seine Ansage für einen Scherz. Doch je häufiger er diesen »Scherz« machte, umso weniger lustig fand ich ihn. Bis eines Abends, nach meinem ersten, zehnstündigen Praktikumstag, mein Limit erreicht war.

Ich setzte mich auf und funkelte ihn an. Ich glaube, es war kein guter Tag, um dumme Scherze zu machen.

»Meinst du das ernst?«, fragte ich ihn.

Frech grinste er mich an: »Ja, das tue ich.«

Das war der Punkt, an dem mir die Gewohnheit in den Hintern zwickte und nach »ungewohnt« verlangte. Warum war ich die letzten Wochen hier hergekommen? Warum ließ ich es zu, dass ein Fernseher Gespräche ablöste? Wie hatte ich in den letzten Wochen nur seine ständige Nacktheit ertragen?

Die Zeit der Verblendung war beendet. Ich sah jetzt alles sehr klar und scharf vor mir.

Mit einem Satz stand ich von der Couch auf, schnappte meine Tasche. Ich packte alles, was ich zuvor ausgepackt hatte, ein, stürmte ins Schlafzimmer und stopfte den Delfin zu den anderen Sachen. Schließlich war es ein Geschenk – auch wenn ich ihn nie benutzen würde. Lieber schmiss ich ihn weg, als daran zu denken, wie Kim und eine Stripperin in einem roten Faschings-kostüm sich damit vergnügten. Ich quetschte mich an Kim vorbei durch den Türspalt. Er folgte mir durchs Treppenhaus. Es war das erste Mal, dass mich Kim wütend erlebte und nicht als liebes Jasager-Mädchen. Dementsprechend überrascht rief er mir durchs Treppenhaus hinterher. Wohin ich denn wolle. Was denn los sei.

Im Innenhof zwischen den Hochhäusern angekommen, drehte ich mich zu ihm um.

»Lösch meine Nummer, vergiss meinen Namen. Ich will dich nie wieder sehen und nie wieder etwas von dir hören.«

Schnelle Schritte führten meine wutgeladenen Beine zur Bahn-haltestelle. Es brannte unangenehm.

Als die Wut abgeklungen war, fühlte ich mich frei. Frei und ungewohnt. Ich fuhr nach Hause und sah Kim nie wieder.

2

Bin sehr betrunken und denke an dich

Luise (21), Auszubildende, Frankfurt am Main,
über
Patrick (22), Student, Frankfurt am Main

Samstagabend. Samstagabend gepaart mit einer Menge an Alkohol, einer Mädelsclique, vielen unerfüllten Wünschen und Hoffnungen und einem fadenscheinigen Grund, um sich in die erbärmlichste Absteige Frankfurts zu bewegen.

Tanzfläche, totgehörte Songs. Blaugeglüht von prickelnder Mädchenbrause drehten wir uns, bis mir übel wurde und ich eine Auszeit brauchte.

Dann stand Patrick neben mir. Groß, blond (wie ich später feststellte: gefärbt), ein langer Teppich aus Haaren, der störend in sein Gesicht fiel. Nicht nur ich schien ihn als störend zu empfinden, sein Unterbewusstsein ebenso. Es veranlasste ihn dazu, unkontrollierte Kopfbewegungen zu machen, die an Ticks wie von Menschen mit Tourette-Syndrom erinnerten.

Gemeinsam beobachteten wir das Balzverhalten seines Freundes, der eine meiner Freundinnen angrub.

»Warum küssen die sich nicht?«

Was für eine äußerst dumme Frage, dachte ich mir, und antwortete: »Na, weil er sie nicht küsst.«

Mit dieser Antwort hatte Patrick nicht gerechnet. Er blickte ungläubig, kurz darauf resigniert und entgegnete letztendlich: »Ihr Frauen seid doch alle kompliziert.« Oh, wie sehr ich diese Verallgemeinerung verabscheue.

»Nein, wir sind nicht kompliziert, ihr seid einfach zu primitiv, um das System zu rallen: Mann-küsst-Frau. Nicht umgekehrt. Zumindest nicht beim ersten Mal.«

Dass er mich daraufhin küsste, überraschte mich auf eine negative Weise, denn mein trotz Alkoholkonsums leicht angeschlagenes Erinnerungsvermögen versicherte mir, dass Patrick vergeben war. Also stoppte ich den Vorgang, der sich leider viel zu gut angefühlt hatte, und nagelte ihn darauf fest: »Hey, hey, nicht so schnell. Was sagt denn deine Freundin dazu, dass du andere Mädchen küsst?«

Der tobende Sturm in meinen strammen Erinnerungssegeln wurde milder und verschwand dann ganz, denn wie ich erfuhr, war Patrick nicht mehr vergeben. Er und seine Freundin waren einfach erst zu kurze Zeit getrennt, als dass sich diese Information durch meine etlichen Quellen bis zu mir hätte durchspülen können.

Der Alkohol, der in letzter Zeit selten gewordene Sex und Patricks Begabung fürs Küssen führten zu dem Willen, mich mit ihm in den Laken zu wälzen.

So landete ich in seinem Kinderzimmer.

Das Kinderzimmer sollte gerade in ein Erwachsenenzimmer verwandelt werden. Obwohl mir bis heute schleierhaft ist, wie so etwas funktionieren soll. Solange die Eltern unter einem Dach mit dir wohnen, bist du nicht erwachsen. Und wirst es auch nie sein. Da kannst du noch so sehr aus deinen 15 Quadratmetern ein Wohn- und Schlafzimmer zaubern wollen und noch so sehr versuchen, deine Wäsche selbst zu waschen. Am Ende hat doch jemand anders die Macht über deine 15-Quadratmeter-Lösung.

Das Zimmer besaß keinen Fußboden. Na ja doch, da war einer, den man aber nur dort erkennen konnte, wo er nicht komplett vollgestellt war. Die Möbel waren allesamt in die eine Hälfte des Zimmers geschoben worden, damit man in der anderen ungestört arbeiten konnte. Das Bett stand unter einer störenden Wandschräge, an der ein Plasmafernseher prangte. Wie hier doch alles so wunderschön nicht zusammenpasste.

Auch immer ein Indiz für erwachsen gewordene Kinderzimmer: Die Eltern behalten sich bei vielen Möbeln das Vetorecht vor, denn schließlich haben sie das gute Stück ja finanziert, es sei doch noch tadellos und passe wunderbar in den Raum. (Eltern hegen oft emotionale Bindungen an Möbel, aus denen sie sich meist erst nach Jahren des Argumentierens lösen können.)

Der Beweis, dass dieses Kinderzimmer NIEMALS ein Erwachsenenzimmer werden würde, hing direkt an der Schräge: ein Poster, auf dem einem die Planeten gezeigt und erklärt wurden. Ein Kinderplakat mit pädagogischem Anspruch. Selbst wenn Patrick Lehramt studiert hätte: Nicht mal dann hätte ich diesen Fakt übersehen können.

Doch abgesehen von diesen Widrigkeiten – Patrick sagte mir nicht mal optisch zu –, war er hervorragend im Lakenwälzen. Also wälzten wir uns in den Laken. Tage, Wochen. Leider war Patrick an mehr interessiert. Und so wurde aus Lakenwälzen gegen meinen Willen eine Beziehung.

Der Alkohol, der in letzter Zeit selten gewordene Sex und Patricks Begabung fürs Küssen führten zu dem Willen, mich mit ihm in den Laken zu wälzen.

Er war verliebt, versuchte, mir alles recht zu machen. Ich dagegen war gemein, fies, hinterhältig und nicht mal dazu in der Lage, mir zu merken, was er studierte. Dieses subtile Desinteresse erinnerte mich immer mal wieder unangenehm daran, dass es da ein Missverhältnis zwischen seiner und meiner Begeisterung für den jeweils anderen gab.

Patricks Profile in sozialen Netzwerken zeigten, nachdem unser Zusammensein durch Worte besiegelt worden war, den Status »vergeben« an. Diese aufdringliche rote Schrift brannte mir unangenehm auf der Netzhaut. Ich dagegen blieb »Single«. In meiner realen sowie in meiner digitalen Vita.

Doch Patrick war zäh. Verliebtsein macht bekanntlich blind, aber aus Patrick machte es einen Masochisten. Das forderte mich natürlich heraus. Ich war auf der Suche nach seinem Lindenblatt. Ich suchte seine verwundbare Stelle, legte Minen aus, doch die konnten ihm anscheinend nichts anhaben. Er lächelte alles weg, denn er wusste um seine schlagkräftigste Waffe, mit der er mich jederzeit zahm wie ein Lämmchen machen konnte: Sex. Er war selbstbewusst und talentiert wie kein anderer vor oder nach ihm.

Ich gab nicht auf, ich wurde nicht ruhiger, ich wurde unnachgiebiger. Je mehr Zeit verging, desto verzweifelter suchte ich in dem allzu perfekt errichteten Beziehungsgemäuer nach einem Riss, durch den ich hindurchschlüpfen könnte, ohne allzu großen Schaden zu hinterlassen. Ich musste einen Grund finden, den er akzeptieren konnte. Etwas, das ihm die Sinnlosigkeit unserer Beziehung, wie ich sie empfand, näherbringen würde.

Und der Tag sollte kommen.

Ich bin kein eifersüchtiger Mensch. Eifersucht gründet in Neid und Neid ist mir fremd. Ich kann keiner Frau ein perfekteres Sein als mein eigenes attestieren. Dafür ist mein Ego zu groß. Wo kein Neid auf andere Frauen ist, da kann auch keine Eifersucht sein.

Das war Patrick nur recht, denn er hegte Frauenfreundschaften en masse. Er scharte einen richtigen Harem um sich, bestehend aus Studienkolleginnen, besten Freundinnen und weiblichen Bekannten. Dazu kam, dass er ein Partyhengst war. Keine Party ohne Patrick und seine Mädels. Da ich mich selbst im Prüfungsstress befand und zwar gern ausgehe, aber weniger inflationär als Patrick, war mir das nur recht. Keine von diesen Frauen konnte mir das Wasser reichen, also go on, Patrick. Das war alles Zeit, in der ich mich nicht um ihn kümmern musste. Nachts kam er dann betrunken und geil zu mir. Diese Art Abkommen machte uns beide gleichermaßen glücklich, wenn auch aus unterschiedlichen Beweggründen.

Patrick gefiel mein Hausmütterchen-ähnliches Verhalten. Er, der Mann von Welt, studierte, scharte Frauen um sich, war erfolgreich, beliebt und sein süßes Mädchen blieb zu Hause und wartete darauf, dass er von seinen Reisen heimkehrte, um ihm die Haare auf seinem Rücken zu kraulen. Und eine Zeit lang gelang diese Symbiose auch.

Bis wir uns eines Tages unabhängig voneinander auf einer Party trafen. Er mit seinen Freundinnen und ich mit meinen Freunden. Ich hatte einiges an Energie zu vertanzen, verließ die Tanzfläche nur für kurzes Wasserlassen und Nachtanken, um dann wieder den Thron der Dancing-Queen zu besteigen.

Ich bewegte mich ausgelassen auf der Tanzfläche und zog einem Magneten gleich alle um mich herum tanzenden Männer an. Ob es an meiner enormen Energie an dem Abend, an meinem Outfit oder an Patricks Anwesenheit lag, weiß ich nicht, ich kann es mir auch nicht erklären. Einer nach dem anderen tanzte mich an, sprach mich an, wollte mit mir etwas trinken gehen. Und ich genoss es in vollen Zügen, mitansehen zu dürfen, wie Patrick von Minute zu Minute wütender wurde. Denn Eifersucht war für Patrick anders als für mich kein Fremdwort.

Nachdem sein Mädchen-Clan den Weg nach Hause angetreten hatte, heftete Patrick sich an meine Fersen. Damit war der lustige Teil der Nacht gelaufen. Mein Gemüt tauschte alsbald Discofever gegen Müdigkeit.

Zu Hause angekommen, verschwand Patrick sofort in mein Schlafzimmer. Ich dagegen hüpfte glücklich ins Badezimmer und sah meinem Körper im Spiegel zu, wie er sich abschminkte. Doch das hämische Grinsen war nicht abwaschbar. Ich hatte endlich einen Grund gefunden, um meinem Freund Lebewohl zu sagen. In meinem Kopf formte sich der Bye-bye-Patrick-Plan und ich betrat den Ring. Ich musste Patrick nicht mal zum Kämpfen bitten, er war längst bereit.

Er: »Sag mal, musste das sein?«

Ich (ahnungslos tuend): »Was denn?«

Er: »Ach bitte, als ob du nicht bemerkt hast, wie viele Kerle dich angesprochen haben!?«

Ich: »Und wo ist das Problem?«

Er: »Vielleicht, dass du MEINE Freundin bist?«

Das war mein Stichwort. Ich zog mein Schwert: »Erstens kann ich nichts dafür, dass du bis jetzt nur hässliche Frauen zu einer Beziehung überreden konntest« und stach dann zu: »Zweitens kann ich nichts dafür, dass ich angesprochen werde. Wenn du nicht ertragen kannst, eine Freundin zu haben, die so attraktiv ist, dass sie angesprochen wird, scheine ich nicht die Richtige für dich zu sein.«

Das Wortgewitter hatte Patrick unerwartet erwischt. Sein Gesicht verriet, wie verletzt er war. Aber ich ließ nicht ab, stach weiter auf ihn ein, bis er blutend zusammenbrach. Wie ein Sieger schlief ich diese Nacht. Ich hatte ihn davon überzeugt, dass wir uns doch lieber wieder auf das reine Lakenwälzen beschränken sollten. Mein Plan war perfekt aufgegangen.

Doch die Verlierernächte folgten sehr bald.

Bereits am nächsten Morgen, Patrick war ziemlich früh gegangen, begann die erste Diskussion mit meiner Schwester. Sie mochte Patrick, war ein regelrechter Fan von seinem »Intellekt« und seinen gähnend langweiligen, flachen Witzen. Aber nicht nur das führte sie mir vor Augen, sondern auch, dass er alles für mich getan hat und auch weiterhin getan hätte.

Ähnlich verlaufende Gespräche mit meiner Mutter sowie mit vielen Freunden folgten. Mein standhaftes Gerüst begann zu wackeln. Hatte ich Patrick falsch eingeschätzt? Ihm nie die Chance gegeben, sein Potenzial voll zu entfalten? Trug allein ich die Schuld für das Scheitern unseres Zusammenseins?

Nach ein paar Tagen schloss ich das Evaluieren ab und entschied: Ja, allein ich war schuld. Ich allein war dafür verantwortlich, dass mein verkannter Traummann nicht mehr an meiner Seite weilte. Ich musste aktiv werden, mir zurückholen, was mir zustand und gehörte.

Ich lud Patrick zu mir nach Hause ein, den Welcome-home-Plan perfekt durchdacht, bereit zur Umsetzung. Kerzenlicht ist das Wichtigste für romantische Pläne. Niemand kann sich der beruhigenden Aura von Kerzenlicht entziehen. Goldgefärbte Räume, süßlicher Duft (eine Ikea-Duftkerze war auch dabei) und mein entzückend geschminktes Antlitz versprachen wieder mal den Sieg.

Wir nahmen gemeinsam Platz in meiner allzu auffällig gestellten Kulisse und mein herzzerreißendes Schauspiel begann. Ich sagte ihm, wie sehr es mir leidtäte, dass ich ihn schrecklich behandelt hätte, dass ich einfach sehr viel Angst vor dieser Beziehung und dieser schnellen Nähe gehabt hätte, dass ich mich umentschieden hätte, dass ich gemerkt hätte, wie sehr er mir fehlt, dass ich ihn wiederhaben wollte, dass ich alles anders machen würde, und tausend Variationen an Entschuldigungen packte ich auch noch mit obendrauf.

Etwas skeptisch – Luise in nett war für Patrick eine fremde Person – beäugte er mich, wurde schwach und war gewillt, uns eine zweite Chance zu geben. Übertrieben

> Ich war auf der Suche nach seinem Lindenblatt. Ich suchte seine verwundbare Stelle, legte Minen aus, doch die konnten ihm anscheinend nichts anhaben.

glücklich begann ich meinen fehlenden Sinn für Romantik zu entdecken, überschüttete und überrumpelte meinen glorifizierten Traummann mit schnulzigen Liebesschwüren, stellte mein Leben hinter seines und auf seine Wünsche um. Jedenfalls dachte ich das.

Dabei hegte Patrick diesbezüglich gar keine Wünsche, er hatte mich von Anfang an so gemocht, wie ich war, mit meinen Ecken, meinen Kanten, mit meiner zickigen und herrischen Art. Mit der veränderten, auf ihn eingehenden Luise konnte er nicht umgehen. Er zog sich immer mehr zurück.

Ich interpretierte das alles ganz anders, als es im Endeffekt war. Schnitt das Puzzleteil so zurecht, dass es in meine gedankliche Lücke passte. Nach meiner Auffassung hatte Patrick sich auf den »Beobachtersessel« in der Aufführung »Patrick und Luise« gesetzt. Saß da und sah zu, wie Luise sich bewies. Also bewies ich. Übertrieb ich.

Denn Patrick saß gar nicht in besagtem Beobachtersessel. Er hatte das Theaterstück »Patrick und Luise« längst verlassen, den Sitz hochgeklappt und die Illusion einer gemeinsamen Beziehung wie altes Popcorn liegen gelassen.

In meiner Euphorie merkte ich davon gar nichts. Ich steigerte mich nur jede Stunde noch mehr hinein, fütterte das Beziehungstier, streichelte es liebevoll.

Eines Abends – ich war zu Hause geblieben, um meinem Patenkind aus Bilderbüchern vorzulesen, Prinzessin Lillifee zuzuschauen, wie sie in ihr neues Schloss zog, und hochdramatische Szenen aus Vater-Mutter-Kind zu spielen – war Patrick wieder mal auf einer heißen Party. Ich machte mir, wie auch vor unserer kurzen Trennung, keine Sorgen.

Mit einer SMS (»Bin sehr betrunken und denke an dich«) bestätigte Patrick mein Vertrauen zu ihm. Umso überraschter war ich am nächsten Morgen, als er unser geplantes Treffen kurz angebunden über ICQ cancelte. Kein Grund. Keine Erklärung. Nichts.

Zu allem Überfluss verließ er auf mein Nachfragen mit den Worten »Es geht nicht mehr« den Chat.

Verdutzt starrte ich den Bildschirm an und schnallte erst einige Minuten später, was »Es geht nicht mehr« zu bedeuten hatte. Ich griff zum Handy und startete mein Telefonterrorprogramm, das Patrick ziemlich schnell durch das Ausschalten seines Handys beendete.

Ich war fassungslos. Nun blieb mir nichts anderes übrig, als eine SMS zu schreiben. So würde ich – dank des Zustellungsberichtes – wenigstens wissen, wann er sein Handy wieder anschaltet, und könnte dann noch einmal versuchen, mit ihm zu reden.

Mein Gehirn schien sich zu weigern, die Information den zuständigen Tätigkeitsbereichen zukommen zu lassen. Stattdessen trieb es mir Tränen der Verzweiflung in meine Augen. Das konnte nicht sein Ernst sein, das konnte nicht wahr sein. Ich wollte mich dagegen wehren, doch langsam und schmerzlich kam die Erkenntnis.

Der Tag zog sich dahin wie ein unachtsam weggespucktes Kaugummi an einem warmen Sommertag. Patrick hatte sein Handy zwar wieder angestellt, aber noch nicht geantwortet, und ich war wieder so weit bei mir, dass ich nicht bereit war, mir nochmals die Blöße zu geben. Also wartete ich. Starrte wie paranoid im Minutentakt auf das Display meines Handys.

Schlussendlich bestätigte sich, was zwar in meinem Bewusstsein angekommen war, ich aber trotzdem nicht wahrhaben wollte.

Seine SMS: »Ich kann mir das mit uns nicht mehr vorstellen. Es ist zu viel passiert. Ich kann auch nicht mehr mit dir reden. Sei nicht traurig …«

3.

Jedes Mal
das gleiche Drama

Tom (24), Student, Frankfurt am Main,
über
Lisa (25), Studentin, Mainz

Es war mittlerweile Jahre her, dass ich eine feste Freundin hatte. Eine für viele Männer kaum auszuhaltende Zeit ohne Sex lag hinter mir. Langsam verzweifelte ich an mir selbst. Es war nie die Richtige dabei. Egal wen ich kennenlernte, keine Frau genügte auch nur annähernd meinen Vorstellungen. Zu dick, zu jung, zu alt, zu groß, zu unnatürlich, nichts Besonderes. Die Liste meiner Anforderungen war lang.

Nun bin ich auch nicht gerade ein Baggerkönig. Ich spreche nie eine Frau an. An dieses Credo halte ich mich schon mein ganzes Leben ziemlich eisern. Ich bin einfach zu schüchtern. Natürlich kommt es vor, dass mir eine Frau gefällt. Um den Mut zu finden, sie anzusprechen oder gar anzutanzen (ich hab gehört, das soll funktionieren), trinke ich viel. Doch ich überspringe dann immer den Punkt, an dem aus Schüchternheit charmante Offenheit wird – und zwar so weit, dass ich nicht mehr in der Lage bin, überhaupt irgendwen anzusprechen.

»Noch einen Schluck, dann geh ich los. Okay, lieber noch einen, auf Nummer sicher gehen. Hupsch, dasch wa wohl zu viiiieeeeeeeeel.«

Jedes Mal das gleiche Drama.

Deshalb habe ich alle meine bisherigen Freundinnen über Freunde kennengelernt. Meistens auf Privatpartys, da ist es leicht, mit Frauen ins Gespräch zu kommen. Diese Art von Partys haben eine beruhigende Wirkung auf mich. Ich werde locker, gesprächig. Sind ja alles meine Freunde, die mich mögen, die mich kennen und über meine Witze lachen. Die Konkurrenz ist überschaubar und kommt man mal ins Stocken, sind Freunde in der Nähe, um zur Not ins Thema zu grätschen.

Eines Abends hatten wir eine tiefenpsychologische Debatte über mein Gefühlsleben und meine von ihr diagnostizierte Unfähigkeit, Gefühle zuzulassen.

So lernte ich auch Lisa kennen. Es war mein dreiundzwanzigster Geburtstag. Im engsten Freundeskreis wollte ich dieses Ereignis mit Alkohol und guten Gesprächen zelebrieren. Es hatte geklappt, ich hatte diese in Deutschland verstreute Gruppe an einen Ort, an einen Tisch bekommen.

Doch ein Fakt stieß mir sauer auf. Die Verlobte meines Bruders wollte eine Freundin mitbringen. Eine Unbekannte in unserer schon über Jahre aufeinander eingeschworenen Truppe, ein Fremdkörper, der von meinem hart zusammengesparten Studentengehalt essen und trinken würde. Das war nicht von mir eingeplant und schon gar nicht gewollt. Meistens waren die Freundinnen von besagter Verlobten nicht die umgänglichsten Menschen und auch schon öfter mal Grund für Disput gewesen.

Ich bin kein streitlustiger Mensch. Ich bin harmoniebedürftig. Ich war weder gewillt, mich zu all dem organisatorischen Stress auch noch damit zu belasten, dass die Verlobte meines Bruders mir mit ihrer hängenden Schnute den Abend versaut. Noch wollte ich, dass sie meinen Bruder dazu bringt, gar nicht erst auf meinem

Geburtstag zu erscheinen. Frauen haben da, das weiß ich, ihre Waffen, gegen die ein Mann machtlos ist.

Und so fand Lisa den Weg an unseren Tisch. Und ganz entgegen meinen Befürchtungen integrierte sie sich spielend. Mir gefiel besonders, dass sie so viel redete, dass sie weder zum Essen noch zum Trinken kam. Einen so vielseitigen und offenen Menschen hatte ich selten erlebt. Es fiel nicht mal auf, dass sie neu war.

Äußerlich war Lisa nicht mein Typ. Zu klein und zu durchlöchert von Piercings. Und erst ihr Musikgeschmack! Trotzdem hatte sie etwas so Interessantes an sich, dass ich sie nach einem Date fragte. War ja schließlich auch lang genug her, dass ich eine Beziehung hatte. Zu verlieren hatte ich nichts.

Auf Treffen folgte Treffen, folgte Treffen. Lisa zeigte sehr offen, wie gern sie mich hatte. Ich ließ mir bereitwillig Honig um den Mund schmieren, wollte mich jedoch nicht festlegen. Aber man kann sich nicht ständig mit einer Frau treffen und sich nicht festlegen – die merkt das. Manch eine Frau ist sogar so gewitzt, dass sie dich in eine Diskussion darüber verwickelt und so tut, als ob sie dich verstünde. Lisa war eine von diesen Frauen.

Wir trafen uns eine längere Zeit, doch ich ließ Lisa nicht wirklich an mich heran. Eines Abends hatten wir eine tiefenpsychologische Debatte über mein Gefühlsleben und meine von ihr diagnostizierte Unfähigkeit, Gefühle zuzulassen. Damit traf sie bei mir einen Nerv, zerrte an ihm, um ihn danach gesund zu streicheln.

Ich musste mich nicht mal mehr dazu zwingen, mein Herz zu öffnen. Lisa war bereits mit einem Brecheisen eingebrochen und nistete sich dort ein. Ich ließ sie gewähren. Über Nacht hatte es mich so sehr erwischt, dass ich Lisa für ihren Platz in meinem Herzen sogar noch Kissen schenkte, damit sie sich wohlfühlte und lange blieb.

Rasch spielten wir uns aufeinander ein. Die Entfernung zwischen unseren Wohnorten führte zu aufs Wochenende beschränkten

Treffen. Meisterhaft verplanten wir unsere gemeinsame Zeit. Meine besten Freunde kannte sie bereits, so konnte ich sie stets problemlos zu ihnen mitnehmen. Diese Beziehung war schöner, als ich jemals zu glauben gewagt hätte. Ich war verliebter, als ich jemals bereit gewesen wäre zuzugeben.

Alles, was Lisa machte, fand ich wahnsinnig bewundernswert. Sie war in ihrem Leben bereits häufig gereist, meisterte ihr Studium, hatte einen äußerst lukrativen Nebenjob und fuhr ein tolles Auto. Ich dagegen krebste mit meinem mageren Dualstudentengehalt durch die Monate. Neben ihr kam ich mir schäbig vor, klein und unmännlich. Sie war mir um einige Schritte voraus und damit hielt sie auch nicht wirklich hinter dem Berg. Häufig ertappte ich sie in einer Art Wahn, der von Egoismus geprägt war. Da war so vieles, was sie hatte, doch das war nie genug. Sie wollte immer mehr und mehr.

Der Sommer kam und ein Datum rückte immer näher: ihre Abreise nach Australien. Drei lange Wochen Urlaub. Natürlich genau die drei Wochen, in denen ich auch frei hatte. In einem Zeitraum von zwei Monaten Semesterferien mussten es genau diese drei Wochen sein! Mein Unmut darüber wuchs parallel zu unserem Näherkommen kontinuierlich an. Sie hatte bereits vor einem Jahr ein Semester in Australien verbracht, der Urlaub war schon geplant gewesen, bevor wir eine Beziehung eingingen. Doch anstatt ihre Gasteltern oder Freundinnen zu besuchen, besuchte sie einen Freund. Einen Mann. Wie das an meinem Ego kratzte, muss ich nicht weiter ausführen.

Als ich irgendwann meine Wutbrocken vor ihr hochwürgte, war sie wenig begeistert, reagierte verständnislos und unangenehm getroffen. Nach langem Versichern, sie würde sicherlich nichts mit dem Kerl anfangen (ist klar), bot sie mir schlussendlich halbherzig an, dass ich ja mitkommen könnte. Dabei wusste dieses Miststück genau, wie es um meine finanzielle Situation bestellt war. Ach, wie schade – hust –, dann wird das wohl nichts.

Eines Abends war sie zu Besuch in meiner Wohnung, als sie ein Anruf erreichte. Es war ihre Chefin aus dem lukrativen Nebenjob, die, wie erwähnt werden muss, die Mutter von Lisas Exfreund ist. Während des Gesprächs begann Lisas Gesicht zu leuchten wie ein fettschwabbelnder Oberkörper eines Bayern nach einem Strandtag auf Mallorca. Meine Laune nahm im gleichen Maße ab. Als sie den Hörer auflegte, begann sie schon, mich vollzuschwallen.

Ihre Chefin hatte ihr gerade angeboten, ein Wochenseminar in Spanien zu besuchen.

»Aha, und wann?«, fragte ich wenig begeistert. Wie sich herausstellte: direkt in der Woche nach Lisas Rückkehr aus Australien. Die Wut stieg mir die Kehle hoch. Mühsam schluckte ich sie runter. Ich konnte mich ihrer Karriere keineswegs in den Weg stellen, so sehr ich ihren Plan für den Sommer auch verabscheute.

Lisa war kein bisschen traurig an unserem letzten gemeinsamen Abend. Sie redete und redete und war aufgeregt ohne Ende, womit sie mich tierisch nervte. Konnte sie nicht von etwas anderem reden? Konnten wir nicht so tun, als würde sie gar nicht gehen? Konnte sie nicht wenigstens ein bisschen traurig sein? Mir versichern, dass sie sich jeden Tag bei mir melden würde? Nichts dergleichen. Als sei das Fortgehen von mir ein Lottogewinn, freute sie sich unverblümt vor meinen Augen.

Und dann stieg sie in den Flieger und war weg. Auf mir lastete dieser Abschied, der schon Wochen, bevor er überhaupt stattfand, begonnen hatte, einen Schmerzensschwarm in meinen Eingeweiden zu züchten. Und Lisa tat dem mit ihrem Verhalten keinerlei Abbruch, sie schürte eher mein ungutes Gefühl, indem sie sich kaum bis gar nicht meldete, Chat-Verabredungen absagte und mir unverschämt und dreist reindrückte, was sie mit dem Typen alles erlebte, machte, tat.

»Wir haben eine Motorrad-Tour gemacht und in Motels übernachtet!«

»In getrennten Zimmern?«

»Nein, in einem Doppelzimmer.«

»In getrennten Betten?«

»Nein, aber das Bett war sooooooo breit!«

Meine Freundin klammerte sich also mehrere Tage an einen Kerl, mit dem sie dann nachts in einem Bett schlief. Super. Das freute mich natürlich riesig.

»Wir fahren an eine einsame Hütte an einem See.«

»Und was wollt ihr da machen?«

»Angeln und die Ruhe genießen.«

Meine Freundin verbrachte eine Woche mit einem fremden Kerl in einer *einsamen* Hütte an einem See. All das Vertrauen, was ich zu ihr hatte, schmolz wie Eis und tropfte aus meinem Herzen in meinen Magen, sammelte sich da und verursachte mir noch mehr Unbehagen, als ich eh schon verspürte.

Ich wurde sauer, wenn sie sich nicht meldete, und wurde sauer, wenn sie sich meldete und nur von sich erzählte. Damit versaute sie mir meine einzigen drei Wochen Urlaub im Sommer. Mit mir war nichts anzufangen. Ich war schlecht gelaunt, mürrisch, lustlos. Zu nichts zu bewegen. Wie gelähmt.

Es war offensichtlich, dass mit Lisa und mir etwas im Argen lag. Jeder meiner Freunde versicherte mir, dass ihr Verhalten nicht normal sei. Ich suchte immer wieder nach Rechtfertigungen, um mir ihre Taten schönzureden: Sie versteht sich eben mit dem Typen, ist doch nichts dabei. Wenn sie zurückkommt, dann ist sie bei mir und nicht bei diesem Typen, dann habe ich sie wieder ganz für mich und muss sie auch nicht mehr teilen. Aber warum meldet sie sich so wenig bei mir? Sie ist einfach sehr beschäftigt, es würde ja auch nichts bringen, wenn sie mir jeden Tag schriebe.

Doch. Das hätte was gebracht. Dann hätte ich wenigstens gewusst, dass sie mindestens einmal am Tag an mich denkt. Selbst wenn sie mir nur einen Kuss oder ein »Vermisse dich« geschickt hätte. Doch liebliche Worte waren schon länger nicht mehr von ihr gekommen.

So setzte ich mich in meinen Kokon. Schottete mich von der Welt ab. Und dachte nach: über sie, über mich. War es das, was ich wollte? Worauf ich die ganzen Jahre gewartet hatte? Eine Freundin, die mich hier zurückließ, mit mir allein, die sich kaum meldete und mir durchweg ein schlechtes Gefühl vermittelte? Das sich mit jedem weiteren Tag noch verschlechterte?

Langsam verfestigte sich der Gedanke in meinem Kopf, einfach mit ihr Schluss zu machen. Sie vor vollendete Tatsachen zu stellen. Meinen Kopf aus dieser viel zu festen Gefühlsschlinge zu ziehen. Mich umzudrehen und wieder meinen Weg zu nehmen, der weit weg von ihr und alldem führte, worauf ich mich da eingelassen hatte. Doch dann überkam mich die Erinnerung an unsere gemeinsamen Stunden. Und die an meine einsamen, bevor es Lisa in meinem Leben gegeben hatte. Ich war endlich bereit dazu, mein Leben mit jemandem zu teilen. Ich war bereit, mit Lisa mein Leben zu teilen. Und auch wenn das hier gerade vollkommen schiefging, ich wollte es mit ihr versuchen. Ich wollte auf sie warten und sie für mich gewinnen.

So vergingen die Tage. Mal waren sie schwarz, manchmal hellgrau. Ich hasste Lisa oft. Ich ließ sie meinen Unmut auch spüren. Wir diskutierten über Chats. Ich machte ihr mittels SMS ein schlechtes Gewissen. SMS, die sie erst zwei Tage später las, weil sie *zufällig* vergessen hatte, den Steckdosentransmitter auf die Tour zur Hütte mitzunehmen. Sie dagegen versuchte immer mehr, mir sowie den Diskussionen, die mit mir verbunden waren, auszuweichen. Wie einen eitrigen Pickel behandelte sie mich, auffällig offensichtlich wegschauend. Und ich war mir sicher, sie spürte genau, wie sehr sie mir mit ihrem Verhalten wehtat.

Meine Freundin klammerte sich also mehrere Tage an einen Kerl, mit dem sie dann nachts in einem Bett schlief. Super. Das freute mich natürlich riesig.

Je näher ihre Rückkehr kam, desto mehr resignierte ich. Ich schaute der Uhr förmlich zu, wie sie ächzend und krächzend eine

Minute vor die andere setzte. Unser Wiedersehen datierte ich zwischen Australien und Spanien. Aber Lisa wollte mich nicht sehen, sie sei zu müde. Und zack war meine Freundin auch schon wieder weg.

Meine Wut und meine Enttäuschung bewegten sich wie kleine Tiere unter meiner Haut unangenehm hin und her. Sie ließen mich nicht schlafen.

Jeden Tag durchdachte ich das mit Lisa aufs Neue, drehte es hin und her. Meine Freunde hatten bereits ein vernichtendes Urteil über sie gefällt. Doch in mir kursierte die Hoffnung. Ein letzter Rest davon war übrig geblieben und daran klammerte ich mich die letzte Woche. Die letzte Woche, in der wir getrennt voneinander sein würden. Auch diese verging.

Wir verabredeten uns für den nächsten Tag, sie wollte mich abholen und mit mir Kaffee trinken. Kaffee trinken, soso. Mir kam das seltsam vor. Doch ich ließ mir nichts anmerken. Ich stieg in ihren Wagen und die räumliche Distanz, welche uns die letzten Wochen voneinander ferngehalten hatte, bestand weiterhin. Bestand so sichtbar, dass es wehtat.

Vor dem Café angekommen, fasste sie in ihre Tasche, zog meine Zahnbürste heraus und drückte sie mir in die Hand. Verständnislos schaute ich erst die Zahnbürste, danach sie an.

»Hast du bei mir vergessen«, sagte sie, den Blick auf ihre Füße gerichtet.

Irgendwas lief hier vollkommen falsch. Doch anstatt diesem Gefühl nachzugehen, sie danach zu fragen, folgte ich ihr in das Café. Wir setzten uns an einen Tisch. Weiterhin Distanz wahrend. Fest und hart schaute sie mir in die Augen.

Sie kam schnell zum Punkt.

»Mir ist in den letzten Wochen aufgefallen, dass ich dich zwar äußerst gern habe. Die Stunden mit dir waren schön und angenehm für mich. Doch die Wochen in Australien haben mir gezeigt, dass das leider auch alles ist.«

Erst nachdem ich sie immer wieder auf uns festgenagelt hatte, hätte sie darüber nachgedacht und bemerkt, dass es nicht richtig sein könne und dass sie mich nicht so behandeln könne.

»Das ist schließlich nicht fair dir gegenüber, wo du doch so ein toller Mensch bist.«

Ihre Worte fegten links und rechts an meinem geschundenen Kopf vorbei direkt in das Wohnzimmer meines Herzens. Vermischten sich mit dem süßlichen Duft des Kaffees und flogen davon. Ließen mich zurück. Allein, gebrochen und mit Bindungsangst.

4

In guten wie in schlechten Zeiten

Helena (57), Bürokauffrau, Köln,
über
Rolf (57), Taxifahrer, Köln

Eine Ehe ist nicht leicht. Da steht man blutjung vorm Altar und verspricht dem Partner beizustehen, in guten wie in schlechten Zeiten. Dabei kann man sich die »schlechten Zeiten« gar nicht vorstellen. Bis sie da sind. Weil sie unausweichlich sind.

Mein Mann und ich waren gemeinsam zu einer Geburtstagsparty von Freunden eingeladen. So verbrachten wir oft unsere Wochenenden. Unser Freundeskreis war groß und es gab immer etwas zu feiern. Doch an diesem Abend hatte ich die Wohnung, in der gefeiert wurde, noch nicht einmal richtig betreten, da wollte ich schon wieder gehen. In meinem Kopf begann es, schmerzhaft zu pulsieren. Und mit jedem weiteren Herzschlag wurden die Schmerzen unerträglicher. Eine halbe Stunde saß ich gequält auf dem Sofa, starrte in meine Cola oder an die Wand, bis ich es nicht mehr aushielt.

Ich verabschiedete mich von der Runde und hob meine karamellfarbene Tasche auf, die mir auf einmal so schwer vorkam, als hätte jemand Steine hineingelegt. Mit dieser Last auf meinen Schultern schlurfte ich durch den Flur, an der Küche vorbei, in der Jenny gerade dabei war, Essen auf Teller zu drapieren.

»Willst du etwa schon gehen?«, fragte sie, mir nachschauend, indem sie den Kopf durch die Tür steckte und mir zudrehte.

»Ja, ich hab wahnsinnige Kopfschmerzen«, entgegnete ich entschuldigend.

»Komm rein, ich hab starke Kopfschmerztabletten hier.«

Etwas widerwillig folgte ich ihrer Anweisung, setzte mich an den Tisch und nahm die Schmerztablette, die groß und sperrig war. Ich benötigte viel Wasser, bis ich dieses Ding durch meine Kehle gezwungen hatte.

> Nach außen hin funktionierte alles wunderbar. Wir waren immer noch die gleichen Menschen, verhielten uns immer noch gleich. Doch sobald die Tür hinter uns ins Schloss gefallen war, schob ich einen Eisblock zwischen uns.

Am liebsten wäre ich sofort wieder aufgestanden und gegangen, doch Jenny verwickelte mich in ein Gespräch. Erst war mir ihre Stimme eindeutig zu laut und sie redete zu schnell, ich konnte ihr kaum zuhören, schon gar nicht folgen. Doch dann wurde das unangenehme Gefühl, welches ihre Stimme in mir erzeugte, schwächer und irgendwann war ich sogar in der Lage, normal mit ihr zu sprechen. Die Tablette wirkte. Schnell und intensiv. Nichts anderes hatte Jenny mir versprochen und damit eingehalten. Leider wirkte sie so stark, dass ich nach einem kleinen Hoch müde wurde. Jetzt wollte ich noch dringender in mein Bett als vorher.

Ich stand auf, bedankte mich bei Jenny und wollte noch mal ins Wohnzimmer gehen, um mich endgültig zu verabschieden. Mein Weg führte durch einen langen, dunklen Flur auf die Wohnzimmertür zu. Je näher ich ihr kam, umso deutlicher erkannte ich die Stimme meines Mannes. Er prahlte, das erkannte ich an diesem Ton in seiner Stimme, der schrill und alles übertönend war. Ich hatte gar nicht vor zu lauschen, doch je mehr ich mich der Tür näherte, desto klarer spülte das Gesagte in meinen von Schmerzen geplagten Kopf. Ich blieb in der Tür stehen, ich war gar nicht in der Lage, den Raum zu betreten, in dem mein Mann gerade unseren Freunden erzählte, wie er mich betrogen hatte.

Mein Mann und ich fuhren beide nachts Taxi, jedoch bei verschiedenen Firmen. Anstatt wirklich Auto zu fahren und Menschen von Ort zu Ort zu befördern, war er unbemerkt und ohne dass ich etwas hätte ahnen können, in Diskotheken gegangen. Hatte getanzt, getrunken und Frauen aufgerissen. Nicht nur eine, nicht nur einmal.

Ich weiß nicht, wann einer unserer Freunde auf mich aufmerksam geworden war. Die anderen waren voll und ganz in der Story meines Mannes versunken, grölten und klatschten in die Hände. Doch dieser eine Freund sah mir in die Augen, als wolle er sagen: »Tut mir leid, Helena.« Kurz darauf sahen mich auch die anderen und wurden schlagartig leise. Nur mein Mann, der mit dem Rücken zu mir saß, ließ sich nicht beirren. Jedes weitere Wort aus seinem Mund schlug hart wie ein Fleischklopfer auf mein Herz ein. Kopfschmerzen und Müdigkeit waren Entsetzen und Enttäuschung gewichen.

In dem Moment, als mein Mann sich schließlich umdrehte, war ich schon auf dem Weg durch den Flur. Die eiskalte Türklinke erschrak meine blutgefüllte, heiße Hand, als ich diese um sie legte. Ich drückte die Klinke hinunter, zog die Tür auf. Meine Schuhe klackten auf dem Steinboden, die Treppen hinab, auf die Straße.

Wie betäubt fuhr ich den Wagen zu unserer gemeinsamen Wohnung. Stieg aus. Tat Dinge, um irgendetwas zu tun. Zog meine Klamotten aus, schminkte mich ab, putzte meine Zähne. Ging in die Küche, spülte Geschirr. Als es nichts mehr zu tun gab, legte ich mich ins Bett und versuchte zu schlafen. Die Worte spielten in meinem Kopf eine Melodie, die sich immer und immer wieder wiederholte. Schlussendlich legte der Schlaf seine Decke über mich. Als ich aufwachte, fiel mein Blick auf das Regal gegenüber von unserem Bett. Es erinnerte mich an den Tag, als Rolf dieses Regal aufgehängt hatte. Er war einer dieser Männer, die denken, dass sie allein aus der Tatsache heraus, dass sie Männer sind, ein Augenmaß besitzen. So hängte er auch dieses Regal auf und die etwas rundliche Vase, die ich versuchte, darauf zu stellen, fand angesichts dieser Schrägheit keinen Halt und rollte zur Seite herunter. Also schraubte ich das Regal ab, nahm eine Wasserwaage zur Hilfe und hängte es wieder auf.

So funktionierte unsere Beziehung nun schon 14 Jahre.

Eine Freundin und Arbeitskollegin hatte ihn mir vorgestellt. Sie hatte ihn in unserer Lieblingskneipe kennengelernt, an einem Abend, an dem ich nicht mitdurfte. Mein Vater hatte meine Mutter und mich verlassen und nicht lange danach war meine Mutter blind geworden. Damit war mein Schicksal besiegelt. Ab diesem Zeitpunkt sorgte ich für meine Mutter, nicht mehr umgekehrt. Mit 14 musste ich die Schule verlassen und eine Ausbildung anfangen, meine Mutter wollte das so.

Montagmorgen bei der Arbeit erzählte meine Freundin mir aufgeregt von Rolf und dass er ihr Freund sei.

»Na, dann bring ihn mal mit«, sagte ich zu ihr. Ich glaube, das hat meine Freundin danach öfter bereut. An einem Tag saßen wir zu viert auf einer Picknickdecke. Rolf mit meiner Freundin und ich mit Wolfgang. Die beiden wollten Wolfgang und mich verkuppeln. Als Wolfgang immer wieder versuchte, mich zum Küssen zu überreden, und ich durchweg Nein sagte, beugte sich Rolf zu mir, nahm mich in seine Arme und küsste mich.

»So macht man das«, wandte er sich danach an Wolfgang.

Seit diesem Tag waren Rolf und ich ein Paar und meine Freundin nicht mehr meine Freundin. In unseren ersten Jahren holte mich Rolf freitags ab, nahm meine Hand und brachte mich am Ende des Abends wieder nach Hause.

Die Jahre vergingen und es gab keinen Grund, sich zu trennen, also trennten wir uns nicht, sondern blieben zusammen, bis wir mit 18 heirateten. Rolf war meine einzige Chance, von zu Hause auszuziehen, kein anderer Grund hätte für meine Mutter jemals gezählt. Gemeinsam waren Rolf und ich älter geworden, doch nicht gemeinsam gewachsen. Rolf war auch heute noch das kopflose Kind, das in einem weißen Anzug am Auto schraubte und um eine Wand zu tapezieren einen Kasten Bier benötigte. Nachdem er mit zwei Wänden fertig war, konnte ich die Tapete wieder abziehen und selbst anbringen, weil sie völlig krumm und schief an der Wand klebte.

Ich räumte ihm hinterher. Seine Klamotten, sein Werkzeug, sein Leben. Mit den Jahren hatte ich mich mehr zu seinem Kindermädchen als zu seiner Frau entwickelt. Egal, was schiefging, ich war dafür da, die Verantwortung zu tragen und die Scherben aufzusammeln.

Rolf kam in dieser Nacht spät von der Geburtstagsparty nach Hause und entschuldigte sich bei mir. Ich dachte an mein Gelöbnis. In guten wie in schlechten Zeiten, in guten wie in schlechten Zeiten, betete ich mir nach diesem Erlebnis tagtäglich vor. Ich zwang mich dazu weiterzumachen, zu verzeihen. Nach außen hin funktionierte alles wunderbar. Wir waren immer noch die gleichen Menschen, verhielten uns immer noch gleich. Tauchten gemeinsam auf Geburtstagen und Partys auf, spielten jedem die heile Welt vor. Doch sobald die Tür hinter uns ins Schloss gefallen war, schob ich einen Eisblock zwischen uns. Einen unüberwindbaren.

Rolf durfte mich nicht mehr anfassen. Ich konnte das nicht ertragen, war nicht in der Lage zu verzeihen. Immer mehr ignorierte ich einfach seine Anwesenheit. Vermutlich dachte er in den ersten Wochen, dass ich mich wieder einkriegen würde. Das dachte ich auch. Doch die Monate vergingen. Ich aß nicht mehr, nahm mehr und mehr ab. Ließ mich hängen. Sah schrecklich aus. Fühlte mich schrecklich.

Aber ich konnte mich doch nicht von ihm trennen. Er war doch mein Mann und so was machte man zu dieser Zeit nicht. Schon gar nicht als Frau. Was würde meine Mutter dazu sagen? Was die Nachbarn? Und was unsere Freunde?

Der Schmerz, den ich verspürte, wich jeden Tag mehr. Ich putzte die Wohnung wie immer, ich kochte wie immer, doch ich war nicht wie immer. In mir bildete sich eine Résistance, die mit jedem Tag stärker wurde. Ich fand meinen Mann immer lächerlicher, immer bemitleidenswerter. Fühlte mich ihm mit jeder Minute überlegener.

Ich räumte ihm hinterher. Seine Klamotten, sein Werkzeug, sein Leben. Mit den Jahren hatte ich mich mehr zu seinem Kindermädchen als zu seiner Frau entwickelt.

Was würde der denn ohne mich machen? Wer würde ihm dann immer seinen Hintern retten? Wer ihm hinterherräumen? Und wer die Verantwortung übernehmen?

Wir nahmen nicht mehr an dem Leben des anderen teil. Lebten nebeneinanderher. Und wenn es nach meinem Mann gegangen wäre, hätte das endlos so weiterlaufen können.

Eines Tages saßen wir gemeinsam am Tisch. Ich hatte Appetit auf Spiegeleier und servierte jedem von uns eines mit Spinat und Kartoffeln. Im Laufe des Lebens habe ich gelernt, dass wir Menschen verschieden sind. Wir schneiden unsere Brötchen verschieden auf, wir waschen uns das Gesicht verschieden. Die Bewegungen unserer Hände sind verschieden, anders einstudiert und niemals gleich.

So verhält es sich auch mit dem Essen eines Spiegeleis. Ich bevorzuge, das Eiweiß nach und nach um das Eigelb herum wegzuessen. Währenddessen freue ich mich auf die Mitte, die ich bis zuletzt übriglasse, bevor ich sie schlussendlich esse.

Rolf hingegen stach immer zuerst das Eigelb auf und ließ die orangefarbene, dickliche Brühe aus- und über das Eiweiß laufen. Das Widerlichste daran war, dass er danach begann, die Kartoffeln kleinzudrücken und auf dem Teller mit dem ausgelaufenen Eigelb zu zermatschen. Schon allein dieses Geräusch jagt mir heute noch einen Schauer über meinen Rücken.

Irgendwann hatte er herausgefunden, dass ich es tierisch ekelhaft fand, wie er sein Ei verspeiste, und begann von da an, mir jedes Mal mit seiner Gabel in mein Eigelb zu stechen. Jedes Mal.

Und so stach Rolf auch an diesem Tag in mein Eigelb. Ich starrte auf meinen Teller, beobachtete das Eigelb, wie es sich über den Rest meines Essens ausbreitete, bis die Oberflächenspannung keine weitere Bewegung mehr zuließ. Zurück blieb eine orangefarbene Pfütze. Noch Minuten später starrte ich auf meinen Teller.

Das war der Moment, in dem mein Limit erreicht war. Ich stand langsam auf, ging in unser Schlafzimmer, öffnete das Fenster und begann, seine Sachen hinauszuwerfen. Erst eine Socke, dann noch eine, zunächst langsam, dann schneller, hektischer. Irgendwann warf ich die Sachen mit vollen Händen hinaus und schrie dabei.

Rolf tauchte in der Tür auf.

»HELENA!?!?!?!? WAS MACHST DU DA?!?!?!«

Doch ich hörte nicht auf, ich hatte mich bereits in Rage geworfen. Stattdessen schrie ich ihn an: »Geh! Raus! Hau ab! Hau ab, hau ab, hau ab!!!!«

Wenn Rolf gewusst hätte, dass er mit dem Eigelb auch den Rest unserer Ehe zerstechen würde, ich glaube, er hätte es gelassen.

5

Kannst du mir sagen, was das soll?

Marc (29), Student, Frankfurt am Main,
über
Stephan (29), Fitnesstrainer, Frankfurt am Main

Es war ein völlig normaler Tag. Normales Wetter, normaler Ablauf. Als ich morgens aus der Tür hinaustrat, da war alles normal. Als ich am frühen Abend von der Uni zurückkam, da war alles normal. Ich legte meine Tasche in die gewohnte Ecke, zog Schuhe und Jacke aus, lief den Flur entlang in die Küche, um mir ein Glas Wasser einzugießen. Da klingelte das Telefon. Und es erwartete mich ein Telefonat, das mein Leben verändern würde. Doch das wusste ich in diesem Moment noch nicht, also ging ich sorglos dran. Es war Johannes, mein bester Freund.

»Marc, hast du den Rechner an?«

Was? Nicht mal ein Hallo? Seine Stimme klang atemlos, doch ich war ja immer noch sorg- sowie ahnungslos.

»Nein, Johannes, ich bin gerade erst zur Tür hereingekommen. Was ist denn los?«

»Marc, mach den Rechner an. Das, was ich gerade gefunden habe, wird dich interessieren.«

Angesteckt von seiner Ruhelosigkeit lief ich geradewegs zum Rechner und schaltete ihn an. Als er hochgefahren war, gab Johannes mir Anweisungen. Er diktierte mir eine URL, die ich in das Adressfeld eintippte. Der Name dieser Internetseite machte mich stutzig. Es war eine schwule Datingseite, jedoch eine für Leute mit eindeutigen Absichten. Viel härter als die gewohnten blauen Seiten, das studiVZ der Schwulen. Viel eindeutiger.

Schon auf der Startseite war viel nackte Haut zu sehen. Ich hatte nie etwas von solchen Seiten gehalten, die sich rein um Sex-Dates drehten. Ich bin ein ungewöhnlicher Schwuler mit Sinn für Liebe, Vertrauen und vor allem Treue. Umso größer war mein Erstaunen darüber, dass Johannes mir auf dieser Seite etwas zeigen wollte.

Als das Gesicht des nackten Mannes freigegeben wurde und ich ihn als meinen Freund Stephan erkannte, glich dieses Gefühl dem einer auf meinen Hals treffenden Guillotine.

»Johannes, ich bin so weit, was willst du mir denn hier zeigen?«

»Gib mal den Nickname ›Blowow‹ ein.«

Was für ein bescheuerter, niveauloser Nickname. Wäre ich nicht mittlerweile dermaßen aufgeregt gewesen, hätte ich sicher darüber lachen müssen. Gewissenhaft gab ich diesen Pornonamen in das Suchfeld ein, drückte Enter und wartete das Aufbauen der Seite ab.

Zuallererst wurde die Schrift angezeigt. Schriften werden schneller geladen als Bilder. Langsam baute sich das Profilfoto von »Blowow« auf meinem Desktop auf. Schritt für Schritt, von unten nach oben. Als das Gesicht des nackten Mannes freigegeben wurde und ich ihn als meinen Freund Stephan erkannte, glich dieses Gefühl dem einer auf meinen Hals treffenden Guillotine.

»Marc, bist du noch dran? Marc? Ist alles in Ordnung?«

Das Telefon und Johannes hatte ich bereits vor Schreck vergessen. Meine Zunge war taub, einfach alles an meinem Körper schmerzte. Zügig beendete ich das Telefonat, natürlich nicht, ohne mich bei Johannes zu bedanken und ihn darum zu bitten, Verständnis dafür zu haben, dass ich gerade gern meine Ruhe hätte.

»Natürlich, Marc, tut mir leid. Wenn ich was für dich tun kann, ruf mich an.«

Ich verbrachte Stunden auf diesem Profil. Ich las jede Kleinigkeit, ich schaute mir alle Fotos an. Auf den meisten war Stephan nackt. Jede erdenkliche Pose hatte er vor seiner Webcam erprobt und festgehalten. Doch nicht für mich, diese Fotos waren nie für meine Augen gemacht worden. Mein Schock mündete in Entrüstung, daraus wurde Enttäuschung. Das Gedankenkarussell fuhr schnell und malte Bilder von Stephan, wie er sich mit fremden Männern schrieb, sich mit ihnen traf und mir später eiskalt ins Gesicht log.

Wie reagiert man bei so was? Was kann man noch richtig machen, wenn der andere alles falsch gemacht hat?

Es klingelte an der Haustür, ich öffnete Stephan und ließ ihn herein. Wären das Telefonat und die Stunden, die ich auf seinem vor mir geheim gehaltenen Profil verbrachte, nicht gewesen, es hätte alles normal sein können, denn Stephan benahm sich wie immer. Quatschte lustig drauflos, erzählte von Kunden, beschwerte sich über Kollegen und merkte nicht mal, dass ich ganz ruhig war.

Während er sprach und sprach, hörte ich nicht mal zu. Mein Kopf fragte mich hingegen laut und wiederholt: »Wie konnte er das machen? Wie kann er mich so belügen? Wie kann er jetzt vor mir stehen und so tun, als sei nichts passiert?«

Irgendwann hielt ich es nicht mehr aus. Ich sagte nur zu ihm: »Komm mit« und ging ihm voraus in das Zimmer mit dem Computer. Im Redefluss unterbrochen, zögerte er, als ob er mich nicht gleich verstanden hätte, folgte mir dann aber. Ich schaltete den Bildschirm an und sekundenschnell blitzte sein Profil auf. Da ich es mittlerweile schon in- und auswendig kannte, schaute ich stattdessen ihn an.

Seine heiteren Gesichtszüge entglitten ihm sofort. Er riss die Augen auf, als hätte er Schwierigkeiten zu erkennen, was sich ihm dort darbot. Seine Pupillen verkleinerten sich zu schmalen schwarzen Nadelköpfen. Minuten vergingen, in denen er stumm auf den Bildschirm glotzte, bis ich die Stille nicht mehr aushielt. »Kannst du mir sagen, was das soll?«, fragte ich ihn.

Erst nach mehreren Anläufen gelang es ihm, seine Sprache wiederzufinden. Ausreden à la »Ich bin da gar nicht mehr aktiv!« konnte er allein nach seiner ersten Reaktion auf das Profil nicht mehr bringen. Dafür hatte er zu betroffen gewirkt.

Er beichtete. Dass er sich mit fremden Männern geschrieben hatte. Selten und immer nur dann, wenn er einen gewissen Druck verspürt habe, oder es zwischen uns gerade nicht gut gelaufen sei. Niemals hätte er sich mit einem von denen getroffen. Das beteuerte er so nachdrücklich, dass ich ihm nur glauben konnte.

Diese Pornoseite diente zwar allein seiner sexuellen Befriedigung, trotzdem traf mich die Erkenntnis, dass mein Freund sich auf solch ein Niveau herabließ, mächtig. Wir führten eine lange Diskussion bis in die Nacht hinein. Als ich zu müde war, um weiter zu rebellieren, ging ich auf sein Angebot ein, sein Profil auf dem Portal zu löschen. Ich saß direkt daneben, als er »Blowow« begrub, fühlte mich aber eher so, als hätte er meine Liebe zu ihm gleich mit ins Grab geworfen. Doch so war es nicht. Ziemlich rasch erholte ich mich von dem Vorfall und es lief wieder einwandfrei zwischen Stephan und mir.

Bis Karneval kam. Ich fuhr Stephan und Johannes zu einer Party, zu der ich nicht mitkommen wollte. Karneval ist nicht mein Ding, noch nie gewesen. Das Verkleiden und Vorspielen einer anderen Existenz hat mich noch nie gereizt. Seltsamerweise wollten Stephan und Johannes, begleitet von zwei Freunden, gemeinsam auf diese Party. Die beiden hatten sich nie wirklich leiden können. Deutlicher gesagt: Sie hassten sich. Und haben mich damit regelmäßig in den Wahnsinn getrieben. Jedes Mal führte ich mit einem von beiden eine Diskussion. Der eine wollte nicht, dass der andere dabei war, und umgekehrt. Doch seit ich eines Abends die Schnauze voll davon und den beiden ein Ultimatum gestellt hatte, duldeten sie einander. Das war's dann zwar auch schon, aber damit konnte ich leben.

Umso erstaunter war ich, dass die beiden zusammen auf eine Party gehen wollten. Aber ich freute mich darüber. Endlich hatten sie einen Weg gefunden, miteinander auszukommen. Die Nacht verbrachten alle vier in Stephans Wohnung, denn diese lag im selben Ort, in dem auch die Party stattfand. Das Resümee der Party war gut und somit war das Thema für mich erledigt. Ich fragte auch nicht großartig nach.

In den Wochen danach fiel mir auf, dass Johannes sich immer mehr von mir entfernte. Er rief nicht mehr an, er sprach nur noch sehr selten und sehr wenig mit mir, ging mir aus dem Weg und antwortete auf meine Fragen nach dem Grund dafür meist nur, dass er Stress habe, aber nicht reden wolle.

Ich machte mir Sorgen um ihn. Johannes und ich waren seit Jahren beste Freunde und es hatte nie etwas gegeben, das wir uns nicht hätten sagen können. Doch dieses Mal hing ich in der Luft. Ich wusste nicht mal annähernd, was los sein könnte.

Bis es eines Abends an meiner Tür klingelte und Johannes davor stand: weinend. Ich bat ihn herein und versuchte, ihn zu beruhigen, doch erst Minuten, nachdem

>»Marc, versteh doch, ich war so betrunken, ich hätte nicht mal meine Mutter erkannt. Ich kann mich nicht mal mehr daran erinnern, wie es war.«

er auf meinem Sofa Platz genommen hatte, fand er seine Stimme wieder.

»Marc, ich muss dir was gestehen. An dem Karnevalsabend ... Wir waren alle so dermaßen betrunken, als wir in Stephans Wohnung ankamen. Und, na ja, ich hab nicht wie abgemacht im Nebenzimmer geschlafen. Stephan und ich sind zusammen im Bett gelandet. Die anderen waren selbst so voll, dass sie das gar nicht mitbekommen haben. Es tut mir so leid. Ich hab es nicht mehr ausgehalten, ich musste es dir sagen, ich hätte es keinen weiteren Tag ausgehalten. Ich hab unsere Freundschaft zerstört, oh Mann, aber ich konnte dich einfach nicht länger belügen.«

Ungläubig lauschte ich seiner Geschichte.

»Ist das dein Ernst? Stephan und du? Ihr habt mich miteinander betrogen? Ihr beiden, die sich auf den Tod nicht ausstehen konnten, habt mich betrogen? Mein Freund und mein bester Freund? Die beiden Menschen, die mir nicht näher sein könnten?«

Ich bat Johannes zu gehen.

Und die Gedanken, sie fuhren nicht nur Karussell, nein, Achterbahn. Stephan hatte mein Vertrauen zu ihm ein zweites Mal dermaßen missbraucht. Doch eine weitere Chance dazu würde ich ihm nicht mehr geben.

Nachdem ich ein paar Stunden mit mir allein gewesen war, klingelte das Telefon und Stephan war dran. Friedefreude in seiner Stimme, lala in seinen Worten. Nicht eine Sekunde ließ er sich irgendetwas anmerken und die Wut stieg mir sauer in die Speiseröhre, weswegen ich mit Schlucken versuchte, sie runterzuwürgen. Das funktionierte nicht. Also unterbrach ich ihn mitten in seinem öden Geschwätz über Arbeit und Kollegen und Mittagessen und Wetter.

»Hast du mir nicht was zu sagen?«, fragte ich ihn.

Kurze Stille in der Leitung, doch dann kam ein entschiedenes Nein, woraufhin ich ihn nochmals fragte, ob er mir wirklich nichts zu sagen hätte. Wieder ein Nein, doch diesmal wurde noch das obligatorische, unsichere und sehr verräterische »Warum?« nachgeschoben.

»Johannes war hier.«

Diese Information allein reichte, um Stephan dazu zu bringen, einem Wasserfall gleich die Worte aus sich heraussprudeln zu lassen.

»Wie bitte? Was für eine Unverschämtheit, dass Johannes zu dir gekommen ist, schließlich wollte ich es dir zuerst sagen.«

Ich wurde noch wütender.

»Wie kannst du noch so dreist sein?«, fragte ich ihn ungläubig.

»Marc, versteh doch, ich war so betrunken, ich hätte nicht mal meine Mutter erkannt. Ich kann mich nicht mal mehr daran erinnern, wie es war. Verzeih mir bitte, ich hab das nicht gewollt.«

Darauf folgten weitere fadenscheinige Ausreden à la Trunkenheit bis hin zur halben Bewusstlosigkeit.

Doch Stephan konnte sagen, was er wollte.

»Es reicht mir mit dir. Auf Nimmerwiedersehen!«

Das Auflegen meines Hörers beendete unsere dreijährige Beziehung und zurück blieb allein das Knacken in der Leitung.

6

Ein schönes Leben, eine schöne Zeit

Matthias (28), Architekt, Bonn,
über
Sandra (25), Sekretärin, Bonn

Boom. So war das Gefühl, als ich Sandra zum ersten Mal sah. Dieses Gesicht, diese Haare, dieses Mädchen. Ich war sofort verliebt. Ich konnte nicht anders, ich musste mich ihr nähern, ich musste sie ansprechen. Sie war so atemberaubend schön, dass mir schwindelig wurde. Der Anblick ihrer weiblichen Rundungen malte das Gefühl, sie anzufassen, auf meine Hände.

Und dieses Gemälde zwischen meinen Fingern war nicht abzuwaschen. Auch nicht als ich die Haustür aufschloss und meine Freundin Nina im Wohnzimmer sah. Nein, leider verstärkte das Erscheinungsbild meiner Freundin nur noch das Verlangen nach dem Mädchen, das ich heute zum ersten Mal gesehen hatte.

Ein schlechtes Gewissen deswegen? Das hatte ich nicht. Von Anfang an war mir Nina nicht gut genug. Es war für mich nur eine Frage der Zeit gewesen, bis ich mich in eine andere verlieben würde, und somit war ich nicht mal wirklich überrascht, als es passierte. Nina, das war die, die immer für mich da war. Das war die, auf die ich zählen konnte. Das war die, die alles für mich tun würde.

Doch alles – das war mir nicht genug. Man liest des Öfteren, Männer seien aufs Optische fixiert, und zwar weitaus stärker als Frauen. Das stimmt. Das kann ich voll und ganz bestätigen. Nina war zwar ein wunderbares Mädchen, aber optisch war sie einfach nicht mein Typ. Ein hochgewachsener Körper, mit langen, äußerst schlanken Beinen und der dazugehörigen skelettartigen Figur. Kaum Oberweite, keinen rundlichen Po, keine weichgezeichneten Schenkel. Nein, stattdessen hatte sie spitze Knochen, die sich beim Sex schmerzhaft in meine Haut bohrten.

> Von Anfang an war mir Nina nicht gut genug. Es war für mich nur eine Frage der Zeit gewesen, bis ich mich in eine andere verlieben würde.

Hinzu kamen mit den Jahren unserer Beziehung immer weitere Piercings. Als ich sie kennenlernte, strahlte mir ein kleiner Stein an ihrer Nase entgegen. So klein, so filigran, kaum erkennbar und doch so abrundend. Dieser Stein war wie ein kleines Detail, das ihr Sein ergänzte. Ich hatte mal davon gehört, dass Piercings süchtig machen können. Schwachsinn, dachte ich, bis ich Nina kennenlernte und sie mir das Gegenteil bewies. Zu dem Stein in der Nase gesellte sich bald darauf ein Bauchnabelpiercing, die Ohren wurden mehrfach durchlöchert. Auch Trends in diesem Bereich nahm sie mit. Ein Ohrloch wurde zu einem Tunnel geweitet und als diese implantierbaren Steine »in« wurden, musste sie auch diese haben. Drei prägen ihr Handgelenk, drei umspielen ihren rechten Hüftknochen.

Doch das konnte ich alles noch ertragen. Störend wurde es für mich im und um den Mundraum. Berührte ich beim Küssen ihr Zungen- oder Lippenpiercing, war meine Stimmung dahin. Dieses Gefühl durchfuhr meinen Körper so unangenehm, dass ich erst mal innehalten musste, bis es vorüber war.

Und als wäre das alles nicht schon genug gewesen, nahm sie sich das Einzige, was ihr eine rudimentäre Art von Weiblichkeit verliehen hatte: ihre langen dunkelbraunen Haare. Sie fielen eines Tages der Schere des Friseurs zum Opfer (mit selbiger ich ihn gern sogleich erstochen hätte).

Das war Nina. Und Nina war ein wunderbarer Mensch – innerlich der schönste, den ich kannte, und das Mädchen, das mir alles gegeben hätte, hätte ich nur den Anschein erweckt, ich würde es brauchen.

So sehr liebte sie mich. Sie liebte mich so unendlich, dass ich nicht anders konnte, als mich auf sie einzulassen. Gefühle, ach, das waren nichts weiter als Hormone, die würden schon kommen, die würden sich schon einstellen. Das redete ich mir ständig ein. Und irgendwann glaubte ich es zwar, doch es passierte nichts. Da waren keine Gefühle und da kamen auch keine. Doch ich dachte nicht mehr darüber nach. Stattdessen verbrachte ich viel Zeit mit Nina, denn sie tat mir gut.

Wie eine Made nährte ich mich von der Liebe, die sie für mich empfand, und wurde dicker und stärker und selbstbewusster. Natürlich durfte Nina in meine Wohnung einziehen. Und mit der Zeit dachte ich immer weniger darüber nach, ob ich Nina nun liebte oder nicht.

Es entwickelten sich Rituale zwischen uns. Ein Luxus, den wir genießen konnten, war, dass wir das Haus nie gleichzeitig verlassen mussten. Und trotzdem standen wir zusammen auf. Derjenige, der zuerst gehen musste, nahm den Weg ins Bad, der andere den in die Küche. Während der eine im Badezimmer war, bereitete der andere das Frühstück vor und kochte Kaffee. So frühstückten wir jeden Morgen zusammen.

Wir hatten ein schönes Leben, eine schöne Wohnung, eine schöne Zeit. Mir ging es gut, mir fehlte es an nichts. Das dachte ich zumindest. Ich war jedenfalls überzeugt davon, als ich morgens die gemeinsame Wohnung verlassen hatte, und auch noch, als ich in mein Auto gestiegen war, und auch dann noch, als ich wie gewohnt durch die Haustür der Firma geschritten war: Abends würde ich wieder bei Nina sein und das war auch gut so.

Hätte an diesem Tag nicht Sandra in der Firma angefangen, wahrscheinlich hätte ich Nina sogar irgendwann geheiratet. Doch als ich Sandra sah, war es, als lüfte ein starker Wind den Schleier meiner Verblendung, sodass mir auf einmal alles gestochen scharf erschien.

Das war sie also: Sandra. Mein wahrgewordener Traum einer Frau. Wie ein Engel bewegte sie sich, so weiblich, sie schwebte mit ihrem knackigen Hintern durch die Firma – und nahm mir damit den Kopf ab und setzte ihn falschherum zurück auf meinen Hals. Sandra beflügelte meine Phantasie derart, dass ich kaum mehr arbeiten konnte. Ich sehnte das Geräusch ihrer klackenden Absätze auf dem Boden herbei, damit ich mich rechtzeitig umdrehen konnte, um nicht auch nur eine Sekunde lang ihr göttliches Abbild zu verpassen.

Ich würde ihr das Herz brechen müssen, um meins am Leben zu erhalten. Bis ich mich überwinden konnte, diesen Entschluss auch in die Tat umzusetzen, versank ich immer tiefer im Sumpf meines Doppellebens.

Die nächsten Tage glichen einem Versteckspiel vor Nina. Verstecken, dass ich gerade dabei war, unsere Beziehung für eine andere Frau aufzugeben. War ich bei Nina, musste ich mir die größte Mühe geben, ihr nicht zu sagen, dass es Sandra überhaupt gab. Nie hatte es zwischen Nina und mir Geheimnisse gegeben. Die Last meines schlechten Gewissens erdrückte mich fast.

Doch war ich in Sandras Nähe, verwandelte sich mein Leben in ein Paradies. Sandra erwiderte meine Blicke mit einer Intensität, die mir die Kontrolle über meine Sinne zu nehmen schien. Bald darauf sprachen wir zum ersten Mal miteinander und verstanden uns auf Anhieb. Es muss für meine Kollegen äußerst offensichtlich gewesen sein, dass wir uns ineinander verliebten. Und dann kam der Tag, an dem ich Sandra zum ersten Mal nach der Arbeit ausführte. Mein Stolz hätte nicht größer sein können, als ich mit dieser Frau das Restaurant betrat. Alles an ihr fühlte sich richtig an, richtig und wahnsinnig gut.

Währenddessen saß Nina in unserer gemeinsamen Wohnung und wartete auf mich. Vielleicht dachte sie an die Zeiten, in denen wir abends zusammen gekocht hatten. Vielleicht auch daran, wie es war, als wir uns einmal beim Essen gegenübergesessen hatten und einer, ich weiß nicht mehr wer von uns beiden, anfing, den anderen mit Soße zu bespritzen. Vielleicht dachte sie an unser Gelächter zurück.

Ich dagegen dachte daran, wie ich es anstellen konnte, Sandra zu küssen, wie ich es anstellen konnte, diesen Abend niemals vergehen zu lassen.

Der Tag, an dem ich mich von Nina trennte, musste kommen. Ich würde ihr das Herz brechen müssen, um meins am Leben zu erhalten. Bis ich mich überwinden konnte, diesen Entschluss auch in die Tat umzusetzen, versank ich immer tiefer im Sumpf meines Doppellebens. Sandra, Nina, Sandra, Nina. Der Tag musste kommen.

Ich betrat unsere Wohnung. Nina saß bereits im Wohnzimmer und wartete auf mich. Auf dem Bildschirm des Fernsehers flimmerte eine schon tausend Mal gesehene DVD. Dieter Nuhr mit seinem Stand-up-Comedy-Programm. Ninas Lieblings-Comedian. Über die Jahre, die ich mit Nina zusammen war, habe ich mich nicht an ihn und seinen Humor gewöhnen können. Wenn ich ihn sah, vergaß ich einfach zu lachen. Nina hatte die Angewohnheit, Dieter Nuhr zu zitieren. Mit »Was würde Dieter Nuhr jetzt sagen?« begann jedes ihrer Zitate. Wenn sie das noch einmal sagen würde, müsste ich kotzen.

Wäre Dieter Nuhr nicht gewesen, ich hätte wohl nie den Mut gefunden, mich von Nina zu trennen. Noch am selben Abend verließ sie unsere gemeinsame Wohnung und ich sah ihr hinterher.

Als ich zurück in die Wohnung ging, die nun aufdringlich leer wirkte, versuchte ich, die Einsamkeit zu unterdrücken, die an mir hochkroch, indem ich Sandra anrief.

Wir trafen uns und ich wickelte Sandra in trockene Tücher. Doch freuen konnte ich mich nicht wirklich darüber. Die Wehmut hatte mich gepackt. Sandra schien das nicht aufzufallen. Sie bemerkte nicht mal, dass ich nachts aufstand, um auf die Toilette zu gehen. Nina war immer sofort aufgewacht, sobald ich nicht mehr neben ihr lag.

Je mehr Zeit ich mit Sandra verbrachte, umso mehr fielen mir ihre charakterlichen Abgründe auf. Zwar war sie atemberaubend schön, aber auch erstickend eifersüchtig. Kein Gespräch mit einer anderen Frau wurde mehr geduldet. Ihr Temperament war unaufhaltsam wie ein Wirbelsturm und war der erst einmal in Fahrt, half kein Ducken mehr.

Sie verbrachte Stunden im Bad, um das aus sich zu machen, was ich von ihr kannte. Es kehrte keine Normalität ein. Nie sah ich sie ungeschminkt oder in Schlabberklamotten. Und solches Sich-gehen-Lassen wurde bei mir natürlich genauso wenig geduldet. Sandra war eine extrem anstrengende Frau, die mir mit ihrer Art einen Gefühlsstrang nach dem anderen abklemmte.

Und so wurden wir immer unzufriedener. Sandra nannte mich »Schlappschwanz«, weil ich ihrer unersättlichen Energie nicht standhalten konnte, ich nannte sie »Terror-Queen«, weil sie mir keine Minute Ruhe gönnte.

Nach neun Monaten war unser Liebesintermezzo beendet. Und ich war das erste Mal nach drei Jahren Hardcore-Beziehungsleben allein. Ich hatte Zeit, um mich auszuruhen – doch kam einfach nicht zur Ruhe. Ich durfte nun essen, was ich wollte, und bekam doch nichts runter. Ich hatte diese riesige Wohnung für mich allein – und das Gefühl, sie würde mich zerdrücken.

Nichts half gegen dieses Gefühl, weder die größte Pizza noch das leckerste Bier, kein Gespräch mit Freunden, kein Aufräumen, kein Umräumen, kein Arbeiten: Ich kam allein nicht klar. Die Einsamkeit stellte sich mit ihrem ganzen Gewicht auf mich und zerquetschte jeden Anflug von Freude. Mein Leben war bittersüß. Ich war Sandra los und konnte mich doch nicht freuen, denn ich war allein. Und Alleinsein – das erkannte ich ziemlich schnell – war nichts für mich.

Also rief ich Nina an. Und Nina kam. Und Nina blieb. Und als ich am nächsten Morgen früher aufstehen musste als sie, wartete sie mit frischem Kaffee und Frühstück auf mich. Nina, das war die, die immer für mich da war. Das war die, auf die ich zählen konnte. Das war die, die alles für mich tun würde.

Und sie blieb es.

7

Selbst Schluss machen?
Das war noch nie mein Ding

Kai (28), Student, Köln,
über
Sabine (20), Rechtsanwaltsgehilfin, Köln

Achtundzwanzig zu sein ist anders, als zwanzig zu sein. Da kann man sich noch so sehr einreden, es sei nicht so. Mit 28 ist man 28. Man hat 28 Jahre auf dem hoffentlich noch nicht vorhandenen Buckel. Und diese 28 Jahre hat man durchlebt. Das sind einfach acht Jahre mehr Leben als mit zwanzig.

Doch als ich dieses Mädchen in diesem Cheerleaderkostüm sah, hätte sie von mir aus erst 18 sein können: Es wäre mir egal gewesen. Zumindest veranlasste mich ihr Alter anfangs höchstens dazu, mich zurückzuhalten. Natürlich nicht, was den Sex anging. Ich bin schließlich auch nur ein Mann. (Und ich will noch mal entschuldigend auf das Cheerleaderkostüm hinweisen.)

Aber eine Beziehung mit Sabine kam für mich nicht in Frage. Ich war 28, ging zur Uni und schon ziemlich weit mit meinem Jurastudium. Hinzu kam, dass ich mir die Reaktionen meiner Freunde auf Sabine nur allzugut vorstellen konnte. Den Spott in ihrer Stimme, der eigentlich von Neid geprägt sein würde, denn so ein Mädchen hätten weder ich noch meine Freunde mit zwanzig jemals abbekommen.

Also traf ich mich erst mal nur mit Sabine, um sie flachzulegen. Schnell begriff ich, dass sie im Gegensatz zu mir ziemlich selbstständig war. Sabine und ich führten völlig unterschiedliche Leben, das erkannte ich bald. Sie verließ frühmorgens ihre kleine gepflegte Zweizimmerwohnung, um arbeiten zu gehen. Den ganzen Tag verbrachte sie bei der Arbeit, ging danach einkaufen, zum Sport oder ins Kino, kam nach Hause und legte sich schlafen, denn das Prozedere würde ja am nächsten frühen Morgen wieder von vorn beginnen und dafür wollte sie fit und ausgeschlafen sein.

Ich dagegen wohnte in einer Männer-WG mit einem Freund, den ich an der Uni kennen- und lieben gelernt hatte. Er und ich waren immer auf den krassesten Partys unterwegs. Wir gingen nicht vor zwölf Uhr zur Uni, oft gingen wir nur in den kleinen Supermarkt in der Nähe, um uns mit mehr Alk und etwas Essbarem zu versorgen. Unsere WG war unzählige Male die Location für Absturzabende übelster Art und für nichts anderes waren er und ich bekannt. Dementsprechend vergammelt und demoliert war unsere WG. Der Flur hätte auch in »Pfandflaschenlager« umbenannt werden können, im Kühlschrank gedieh ein Biotop, unser Besteck stammte ausnahmslos aus der Mensa und es gab kein Möbelstück, das noch in einwandfreiem Zustand war. Dort fühlte ich mich wohl, dort war ich zu Hause. Bis Sabine kam.

Fürs Kiffen und Filme gucken in der WG hatte ich keine Zeit mehr. Entweder war ich in der Uni oder bei Sabine.

Sich mitten in der Woche das Hirn so was von mit Alkohol und Drogen wegzuballern, dass man am nächsten Tag nicht mal mehr weiß, wie man heißt, wäre Sabine niemals in den Sinn gekommen. Sie kam also einfach daher und meisterte ihr Leben mit ihren zwanzig Jahren tausendmal besser und ernsthafter als ich?

Das konnte doch unmöglich der Fall sein. Schon bald musste ich mir eingestehen, dass meine Vermutungen zwar bitter schmeckten, aber dennoch stimmten.

Sabine war erst zwanzig, aber in vielerlei Hinsicht reifer als ich. Das faszinierte mich so sehr an ihr, dass ich sie glorifizierte, mich bald in sie verliebte und wir eine Beziehung eingingen. Mir war dann auch egal, was Freunde und Bekannte zu diesem Altersunterschied sagen würden. Im Grunde ist dieses Geschwätz sowieso völlig nebensächlich, wenn man sich selbst sicher ist mit etwas – auch wenn es noch so falsch sein mag.

Mit Sabine an meiner Seite wurde ich langsam ein anderer Mensch. Ich ließ das Saufen unter der Woche sein, ging häufiger zur Uni und bekam mein Leben langsam auf die Reihe. Was sollte ich auch den ganzen Tag machen, während sie arbeitete? Und wie sollte ich mich noch männlich fühlen, wenn Sabine mehr verdiente und sich mehr leisten konnte als ich?

So sehr ich sie für ihre Vorbildfunktion liebte, hasste ich sie auch, denn ich war neidisch. Ja, genau, ich war mit 28 neidisch auf eine Zwanzigjährige. Mein Neid mündete in Ehrgeiz. Sie brachte mich dazu, einen höheren Gang in meinem Studium einzulegen. Das war meine einzige Chance, um ihr irgendwann das Wasser reichen zu können. Und wenn es nur finanziell war.

Meine Zeiteinteilung wandelte sich dadurch merklich. Fürs Kiffen und Filme gucken in der WG hatte ich keine Zeit mehr. Entweder war ich in der Uni oder bei Sabine. Die logische Schlussfolgerung war, dass ich bei Sabine einzog. Warum für ein Zimmer zahlen, das ich nicht mehr bewohnte?

Viel hatte ich nicht, was ich zu Sabine mitbrachte. Und viel änderte sich auch nicht, als ich bei Sabine einzog. Zumindest kam es mir nicht so vor. Aber schon das Wenige sorgte für Zoff zwischen uns. Liebe Männer, ein Tipp von mir an dieser Stelle: Zieht niemals mit einer Frau in eine Wohnung, in der sie vorher allein gewohnt hat. Am Schluss hat doch immer sie das Sagen.

Mit meinem Einzug veränderte sich unsere bis dahin schöne Beziehung. Nicht sofort, aber dennoch kontinuierlich. Sabine entwickelte sich rückläufig. War sie am Anfang die Frau gewesen, die ich für ihre Selbstständigkeit bewunderte, mutierte sie mehr und mehr zur Hausfrau. Klar ging sie noch arbeiten, aber sobald sie zu Hause ankam, verfiel sie in einen regelrechten Putzwahn. Da waren Brotkrümel auf einem liegengelassenen Brettchen schon ein Grund, um sich richtig dreckig zu zoffen.

Anfangs bemerkte ich diese Streitereien nicht mal, jedenfalls sah ich nicht, dass wir uns ständig wegen der gleichen unwichtigen Dinge stritten. Doch mit den Monaten wurde es mehr und mehr. Ihr Zwang ging so weit, dass sie mich samstags während der *Sportschau* nervte, weil sie saugen musste, oder mit dem Staubwedel über den Fernseher ging. Die Fenster putzte sie wöchentlich. Zum Vergleich: Ich habe in der WG, in der ich zuvor gewohnt hatte, nicht einmal die Fenster geputzt. Hatten wir Sex, zog sie mir danach fast die Bettdecke unter dem Hintern weg, weil sie schmutzig sei und dringend gewaschen werden müsste.

Wäre ich nicht irgendwann direkt betroffen gewesen, hätte ich sie sicher machen lassen. Doch immer häufiger war sie wütend auf mich, weil ich angeblich »so viel« Dreck machte. Ich behaupte mal, nicht mehr Dreck zu verursachen als andere Menschen auch. Und da ich keinem Putzwahn verfallen war, kümmerte ich mich auch um nichts. Dazu muss ich sagen, ich hatte keine Wahl: Sie war immer schneller als ich. Es hätte ein schönes Leben sein können, wenn sie mich nicht immer häufiger als faul und dreckig beschimpft hätte. Irgendwann rieb sie mir alles, was ich in der Wohnung verdreckt hatte, unter die Nase: die Socken, die ich neben dem Bett liegen gelassen hatte, den Löffel voller Nutella, den ich unabgespült in die Spülmaschine geräumt hatte, die Milchtüte, die ich wieder leer in den Kühlschrank gestellt hatte … Es gab keinen entspannten Abend mehr mit Sabine ohne irgendwelche Diskussionen über den Haushalt.

Küssen, ohne dass ich Zähne geputzt hatte? Auf einmal ein No-Go. Wenn ich unrasiert war, gab's die gleiche Reaktion. Zu den Beschimpfungen, die meine Unordentlichkeit betrafen, gesellten sich bald die Begriffe »verfressen« und »egoistisch«.

Ich versuchte, unsere Beziehung zu kitten, indem ich manches, was sie von mir verlangte, auch tat. Zum Beispiel meine nassen Handtücher nach dem Duschen aufzuhängen, statt sie zerknäult auf dem Boden liegen zu lassen. Für mich eine echte Verbesserung, für sie »normal« und »nicht beachtungswürdig«. Und so verhärteten sich die Fronten, bis keiner von uns mehr bereit war, von seiner Position abzurücken. Wir waren nur noch voneinander genervt. Ich wollte irgendwann nicht mal mehr mit ihr schlafen. Der Aufwand, den ich vorher hätte betreiben müssen, war mir zu groß und ihr Aufspringen und Reinigen danach war mir zu stressig.

Auf kurz oder lang war es für mich nicht mehr auszuhalten, mit dieser Hyäne unter einem Dach zu wohnen. Ich sehnte mich nach einer gepflegten WG-Party mit Koks, Alkohol und vielen hübschen zügellosen Erstsemester-Studentinnen.

Allmählich verlor ich die Achtung vor ihr. Diskussionen, bei denen ich Sabine früher mal bedröppelt wie ein Hund gegenübergesessen hatte, brachten mich irgendwann nur noch zum Lachen. Ich konnte diese Frau – und worüber sie sich ernsthaft Gedanken und Sorgen machte – nicht ernst nehmen und dazu fand ich sie dermaßen überzogen und zugleich einfältig, dass ich irgendwann nicht mehr an mich halten konnte. Entweder winkte ich nur noch mit einer lapidaren Handbewegung ab, lachte laut, oder verließ grinsend den Raum, in dem sie gerade mit mir schimpfte.

Ich verdiente zwar immer noch nicht mehr als Sabine, aber ich hatte meine Selbstachtung wieder. Wie konnte sich ein halbwegs intelligenter Mensch über so viel Unwichtiges aufregen, während draußen in der Welt Kriege tobten und alle paar Minuten ein Mensch starb? Was waren schon ein paar Socken auf dem Schlafzimmerboden im Vergleich dazu, überhaupt kein Schlafzimmer zu haben? Gar keine Wechselsocken zu haben? Mit solchen Einwänden konnte ich sie in ihrer Wut schneller zum Platzen bringen als einen Luftballon, der mit einer Nadel in Berührung gekommen war.

Ihre Meckereien kamen mir immer kleiner und unbedeutender vor. Und meine Teilnahmslosigkeit trieb sie in die Hysterie. Einmal schrie sie so lang so laut, dass sie am nächsten Tag heiser war und ich noch mehr lachen musste.

Doch auf kurz oder lang war es für mich nicht mehr auszuhalten, mit dieser Hyäne unter einem Dach zu wohnen und mir Tag für Tag die gleichen Kleinigkeiten vorwerfen zu lassen. Ich sehnte mich nach einer gepflegten WG-Party mit Koks, Alkohol und vielen hübschen zügellosen Erstsemester-Studentinnen. Nachdem ich Sabine getroffen hatte, war ich wirklich der Meinung gewesen, ich wäre durch damit. Deshalb hatte ich ihr auch diese »schrecklichen« Erlebnisse gebeichtet, noch ein Kindheitstrauma als Entschuldigung hinterhergeschoben, damit sie mich bemitleidete und Sex mit mir haben würde. Derlei Partys waren seitdem tabu für mich. Schlechter Tausch, wie ich erst später feststellte.

Aber selbst Schluss machen? Das war noch nie mein Ding. Es gibt fast keine unangenehmere Situation, als einer (eigentlich) lieblichen und zerbrechlichen Frau sagen zu müssen, dass man keinen Bock mehr auf sie hat. Und welchen Grund sollte ich ihr dafür schon nennen? Du meckerst mir zu viel? Ich hab festgestellt, dass du dumm bist? Ich ficke keine Hausfrauen? Keine von meinen Ausreden konnte gleichzeitig ehrlich und nicht für ihr weiteres Leben nachhaltig schädigend sein.

Wenn ich also nicht Schluss machen konnte, musste sie das erledigen. Und irgendwie würde ich sie an diesen Punkt bringen. Sie ausrasten zu lassen, hatte ich mittlerweile drauf. Ich verlernte einfach ganz schnell, was sie mir alles mühsam beigebracht hatte, und legte ein Verhalten aus vergangenen WG-Zeiten an den Tag.

Ich duschte kaum bis gar nicht, rauchte in ihrer Wohnung (auch Gras – ich hab schließlich ein anstrengendes Leben), ließ mein Handtuch immer – ups – auf dem Boden liegen, unter meinem Kopfkissen errichtete ich ein Sockenlager, trank abends eine solide Menge Bier, um Sabine dann nachts betrunken und ohne mir die Zähne geputzt zu haben, anzuhauchen und an mich zu drücken. Doch Sabine war zäh, also musste ich mir drastischere Maßnahmen ausdenken. An ihrem Geburtstag war es dann endlich so weit. Ich trieb mein Spiel auf die Spitze, indem ich ihr mit den Worten »Du bist in letzter Zeit etwas aus der Form geraten, da dachte ich mir, das würde dir mal guttun« eine halbjährige Mitgliedschaft in einem Fitnessstudio schenkte, natürlich mit dem schönsten Lächeln, das mein Gesicht zu bieten hatte. Das brachte, wie geplant, das Fass zum Überlaufen: Zuerst tropfte es nur zaghaft auf den Boden, dann bildeten sich Rinnsale, bis die Wassermassen eine großräumige Überschwemmung verursachten.

Als Sabine mich rausschmiss, hatte ich solche Schwierigkeiten, mir das Lachen zu verkneifen, dass ich mich öfter von ihr wegdrehen musste. Eine gepackte Tasche hatte ich schon vorbereitet und so stolzierte ich wie ein Lebemann aus ihrer Wohnung, zündete mir eine Zigarette an und machte mich auf den Weg zu meiner alten WG. Und wenn ich nicht gestorben bin, dann feiere ich noch heute …

8

Linda

Vanessa (28), Lehrerin, Köln,
über
Michael (30), Bauleiter, Köln

Linda. Dieser Name hat sich in mein Hirn gebrannt. Er war auch der erste Name, den Michael sagte, nachdem er mir vorgestellt wurde. Den ganzen Abend hatte ich diesen Trauerkloß von einem Mann bereits beobachtet. Warum trauern Männer? Weil deren Lieblingsmannschaft beim Fußball verloren hat oder wegen anderer Lappalien, dachte ich. Dass darauf die Antwort auch »Frauen« lauten kann, weiß ich heute, doch damals wusste ich das nicht. Ich bemitleidete diesen Leidenden. Wie er so dasaß und sein Bier anstarrte: teilnahmslos, regungslos.

Er war nicht allein, sondern mit einer ganzen Horde Männer unterwegs, die alle im Gegensatz zu ihm ziemlich gut gelaunt zu sein schienen. Vielleicht fiel Michael mir deshalb auf, ich habe ein Auge für das Sonderbare. Oder für Arschlöcher. Das sei mal dahingestellt.

Ich beobachtete ihn und traute mich nicht an ihn heran. Wäre er allein gewesen, hätte ich mich wahrscheinlich einfach neben ihn gesetzt und seine Last auf meine Schultern gehievt. Doch unter diesen Umständen schien es mir geschickt, eine Freundin von mir den Weg dafür ebnen zu lassen, indem sie sich mit den übrigen

Männern befasste. Ich teilte ihr diesen Plan mit und sie verstand zwar nicht, was ich mit so einem »Emo« wollte, aber meisterte ihre Aufgabe fabelhaft. Und so saß ich kurz darauf neben Michael.

Wenig später waren wir im Gespräch dann auch schon bei bereits erwähnter Linda angekommen. Seiner Ex. Obwohl: Wie sich schnell während der Unterhaltung herausstellte, konnte man sie eigentlich nicht wirklich als seine Ex bezeichnen. »Ex-Affäre« wäre treffender gewesen. Nun ja, Linda und Michael waren wohl auf irgendeine seltsame, gesellschaftlich nicht anerkannte Weise miteinander verbandelt gewesen und waren es nun nicht mehr. Und er litt, denn er liebte sie. Sagte er zumindest. Ich dagegen war von etwas ganz anderem überzeugt: nämlich dass Michael zu mir gehörte. Davon musste ich ihn also nur schnell überzeugen und Linda wäre vergessen.

Und so fraß ich ab diesem Tag ständig all den Linda-Müll in mich hinein, den Michael auskotzte. Ich war für ihn da, wenn er jemanden zum Reden brauchte, ich bekochte ihn, wenn er über Appetitlosigkeit sprach, und schlief mit ihm, wenn er Nähe brauchte. Bei mir sollte es Michael an nichts fehlen. Ich war seine Traumfrau, auch wenn er das erst noch merken musste und mich das ein paar Monate Überzeugungsarbeit kosten würde.

An Geduld mangelte es mir nicht, ich hatte ein Ziel und ich arbeitete kontinuierlich darauf hin, gab ihm jeden Tag bewusstseinsbeeinflussende Zärtlichkeit, sodass ich ihn irgendwann so weit hatte: Er glaubte, mich zu lieben. Eine Basis, die sich meiner Meinung nach ausbauen ließ.

Wir hatten eine schöne Zeit, eine wirklich schöne Zeit. Und ich war überzeugter denn je, dass er mein Traummann sei, dass es auf gar keinen Fall jemand Besseren für mich geben könnte. Ich würde Michael heiraten, das wusste ich genau. Und damit ging ich meinen Freundinnen tierisch auf die Nerven. Nachdem sie erst ruhig und vorsichtig versucht hatten, mich von dieser Vorstellung abzubringen, irgendwann deutlicher mit mir sprachen und schlussendlich Michael offen die Pest an den Hals wünschten, war ich immer noch der Überzeugung, dass sie alle gar keine Ahnung von uns hätten. Uns. Dabei hatte es nie ein »Uns« gegeben. Was für ein Selbstbetrug.

Nachdem ich Michael zu einer gemeinsamen Wohnung überredet hatte, musste ich meine Freundinnen förmlich auf die Einweihungsparty zwingen. Sie alle sahen, wofür ich blind war. Und im Gegenzug hielt ich sie alle für blind und sogar für neidisch. Ich hatte das, was alle wollten: den Mann meiner Träume. Das mussten die mir erst mal nachmachen, wo findet man denn so jemanden noch heutzutage?

Irgendwann wollten sie alle nichts mehr von unserer Beziehung wissen. Als er »Ich hab dich gern« zu mir gesagt hatte, wollte sich keine von ihnen mit mir freuen, geschweige denn darüber spekulieren, wie lange es wohl noch dauerte, bis er das L-Wort zu mir sagen würde.

An Geduld mangelte es mir nicht, ich hatte ein Ziel und ich arbeitete kontinuierlich darauf hin, gab ihm jeden Tag bewusstseinsbeeinflussende Zärtlichkeit, sodass ich ihn irgendwann so weit hatte: Er glaubte, mich zu lieben.

Aber das war mir irgendwann auch egal. Sollten sie doch denken, was sie wollten. Ich war schließlich glücklich.

Also erzählte ich nichts mehr. Ich erzählte auch nichts von seinen Wutausbrüchen, ich erzählte nicht, dass er notorisch anderen Frauen hinterherschaute, und auch nicht, dass er mich im Schlaf (und auch einmal beim Sex) »Linda« nannte. Ich erzählte nicht, dass er auf meinen Heiratsantrag nur den Kopf geschüttelt und mir 'nen Vogel gezeigt hatte. Waren auch alles unwichtige Details, die sich bald erledigen würden, wenn er endlich begriffen haben würde, dass ich seine Traumfrau war. Manche brauchen eben etwas länger.

Als wir jedoch ein halbes Jahr zusammen waren, schlichen sich erste Zweifel in meinen Kopf. Kleine leise Ameisen, deren Geräusche man kaum vernahm und daher gut verdrängen konnte.

Es war eine Art Summen. Sie summten, wenn er mich nicht küssen wollte. Sie summten, wenn er mich jedes Mal beim Sex von hinten nahm. Sie summten, wenn er mich danach nicht in den Arm nahm. Sie summten, wenn er sich umschaute, sobald er auf offener Straße meine Hand hielt. Lauter wurden sie, als er anfing, manche Nacht nicht nach Hause zu kommen. Und auch als ich ihn eines Nachts beim Chatten mit fremden Frauen erwischte.

Ich sagte nichts dazu. Stattdessen redete ich mir ein, das sei alles »normal«, man konnte ja nicht ewig so verknallt sein wie am ersten Tag. Diese Theorie vernachlässigte leider, dass Michael noch nie in mich verknallt gewesen war.

Und so beobachtete ich jeden seiner Fehltritte, geduldig wie immer. Ich betüdelte ihn weiter, kochte für ihn, wusch seine Wäsche. Er musste in unserer Wohnung keinen Finger krumm machen.

Doch die Ameisen in meinem Kopf vermehrten sich allmählich. Sie wuchsen zu einem ganzen Stamm von Ameisen heran, dann zu einem ganzen Dorf. Schlussendlich waren sie eine Metropole, die nicht mehr nur summte, sondern schrie. Bis irgendwann ihre Stimme zu meiner wurde.

Michael und ich waren gemeinsam zu einer Party eingeladen. Nur selten ging Michael mit mir zusammen aus, also freute ich mich riesig auf diesen Abend. Er dagegen versuchte bis zur letzten Sekunde, Ausreden zu finden, damit er nicht mitmusste. Als ich seine erfundene Grippe mit »Aber ich hatte mich so darauf gefreut!« quittierte und ihm damit ein schlechtes Gewissen machte, rang er sich doch noch dazu durch mitzukommen.

Ich hatte mich für diesen Abend extra rausgeputzt. Ein schönes schwarzes Kleid, Haare in Form geföhnt, ein atemberaubendes Make-up und dazu ganz dezente Schmuckakzente. Er sollte stolz darauf sein, was für eine tolle Frau er da an seiner Seite hatte. Doch ich bekam kein einziges Kompliment. Aber wie hätte er mir auch eines machen sollen, wenn er mich nicht mal eine Sekunde lang ansah?

Auf der Party angekommen, ließ er mich dann auch gleich in der Menge stehen, also klammerte ich mich an ein Glas Bowle. Weil ich nichts Besseres zu tun hatte, trank ich stumm vor mich hin und weil ich danach nicht mit leerem Glas nichtstuend dastehen wollte, füllte ich mir einfach immer wieder selbst nach.

Ich tat so, als sei die Party total spannend für mich, sah hierhin, dorthin und in Wirklichkeit doch nur danach, was Michael gerade trieb. Je mehr Bowle ich intus hatte, desto schwieriger wurde es für mich, ihn mit meinen Blicken im Raum zu verfolgen und dies auch noch unauffällig zu erledigen.

Er dagegen hatte Spaß. Sprach mit den Gastgebern, die ihm alle möglichen Leute vorstellten. Stieß mit diesem und jenem an und zeigte ein Lächeln, das ich bei ihm schon lange nicht mehr gesehen hatte: ein echtes. Keines dieser gezwungenen, die er wohl allein für mich aufhob.

Ich wurde betrunkener, die Ameisen in meinem Kopf wütender und lauter. Ich nahm alles nur noch wie von weit weg wahr, als sei die Welt in Watte gepackt. Und dann passierte es: Mein Kopf gab das Zepter der Entscheidungsgewalt an die Ameisen weiter. Als Michael dann unübersehbar mit zwei Frauen flirtete, die eine von ihnen mit seinen Blicken schier auffraß und sogar ständig antatschte, waren die Ameisen bereit zum Angriff.

Geradeaus laufen konnte ich nicht mehr, deshalb stieß ich auf meinem Weg zu Michael energisch mit etlichen Gästen zusammen und verschüttete deren Getränke – doch darauf konnte ich jetzt keine Rücksicht nehmen. Als ich endlich vor ihm stand, kam eine Stimme aus den Untiefen meines Körpers, die ich weder vor diesem Abend noch danach jemals wieder von mir gehört habe. Ich schrie. Ich schrie ihn an. Ich schrie ihn auf einer Party an. Vor sehr vielen anderen Menschen.

»Sag mal, was bildest du dir eigentlich ein?«, fragte ich und ließ ihn dann nicht zu Wort kommen. »Meinst du wirklich, du bist so toll, dass du mich einfach irgendwo abstellen darfst, damit du andere Frauen angraben kannst? Wie niveaulos bist du eigentlich?« Ich beleidigte ihn zutiefst: »Du bist das Letzte! Du bist nicht mehr wert als der Dreck unter meinen Fingernägeln!«, warf ihm alles vor, was sich in den letzten Monaten angestaut hatte: »Und ich war in der ganzen Zeit immer für dich da, ich habe alles für dich gemacht, aber du bist ja mit nichts zufrieden!«, ärgerte mich über all die Zeit, die ich mit ihm verschwendet hatte, und beendete unsere Beziehung auf der Stelle: »Such dir 'ne andere, die du schlecht behandeln kannst, und wag es bloß nicht, heute Nacht bei mir aufzukreuzen.«

Nachdem ich fertig war, teilte sich die Menge für mich wie einst das Meer für Moses und entließ mich in das kalte Treppenhaus, das meinen wutgeladenen Körper sanft umarmte. Ich atmete tief durch und spürte, dass ich mich gut fühlte. Draußen hielt ich ein Taxi an, fuhr in unsere Wohnung und schlief meinen Rausch aus. Als ich am nächsten Morgen aufstand, war ich immer noch derselbe Mensch, der Michael gestern vor versammelter Mannschaft niedergemacht hatte, und ich gefiel mir immer noch in dieser Rolle. Ich lächelte sogar hämisch, als er vorbeikam, um ein paar Sachen abzuholen. Innerlich lachte ich sogar. Wer wäscht jetzt deine Wäsche, hm? Wer kocht für dich? Am Mittag gönnte ich mir ein Päuschen auf der Couch, auf der ich vielleicht zehn Mal gesessen hatte, aß Pralinen und stellte mir amüsiert vor, wie Michael vor einer Waschmaschine stand. Ja, innerlich feierte ich meinen Triumph.

Als ich endlich vor ihm stand, kam eine Stimme aus den Untiefen meines Körpers, die ich weder vor diesem Abend noch danach jemals wieder von mir gehört habe. Ich schrie.

Bis am Freitag darauf mein Handy klingelte und Thorsten dran war, ein gemeinsamer Freund von Michael und mir, bei dem Michael untergekommen war. Aufgelöst erzählte er mir von Michael. Der sei völlig fertig, würde nicht mehr schlafen, nicht mehr essen. Sei nur noch am Heulen und würde ständig und ausschließlich aus dem Fenster starren. Und als Thorsten mir von dem Trauerkloß erzählte, wurde mein Herz wieder weich und ich dachte an damals, als ich ihn kennengelernt hatte. Wie hilflos und jämmerlich er an der Bar gesessen hatte. Ich träumte mich in diese Zeit zurück: wie viele Hoffnungen ich in uns gesetzt hatte, was ich alles dafür getan hatte, damit Michael sich in mich verliebte.

Er tat mir leid. Als Thorsten mir erzählte, Michael habe vor, sich abends in seiner Lieblingskneipe ordentlich abzuschießen, war mir das ganze Bild von damals noch präsenter. Ich beschloss, hinzufahren und ihn zu überraschen. Ich würde durch die Tür kommen wie ein weißer Engel und ihn erlösen, wieder mit zu uns nach Hause holen und seine Trauer wegküssen. Und dann würde endlich unsere Traumbeziehung anfangen, die ich immer gewollt hatte. Er würde sich endlich im Klaren darüber sein, was er an mir hätte, und würde alles dafür tun, dass ich bei ihm bliebe.

Für den Abend machte ich mich hübsch zurecht, schließlich stand ein denkwürdiger Moment bevor, den wir für immer in Erinnerung behalten würden. Mädchenhaft aufgeregt stieg ich in meinen Wagen, sang die Songs im Radio mit und ärgerte mich nicht einmal, als mir jemand einen Parkplatz vor der Nase wegschnappte. Ich parkte das Auto um die Ecke, summte das Lied aus dem Radio weiter vor mich hin und stieß siegessicher die Tür zur Bar auf.

Doch was musste ich sehen? Ich traute meinen Augen kaum: meinen Exfreund wild knutschend mit Linda, seiner Ex-Affäre. Wut kochte in mir hoch, stieg mir bis in den Kopf. Ich war wieder bereit, ihn vor versammelter Mannschaft zur Schnecke zu machen. Aber stattdessen schluckte ich die Wut herunter, drehte mich um und verließ die Kneipe, die ich nach diesem Abend nie wieder betrat.

Leider sollte ich bei einer Sache recht behalten: Diesen Abend werde ich nie vergessen, egal wie sehr ich es mir wünsche.

9

Jonas? Bist du es?

Hannes (31), Chemiker, Frankfurt am Main,
über
Christiane (29), Finanzberaterin, Frankfurt am Main

Frauen, die allein in Bars sitzen, sind komisch, können nur komisch sein. Warum sitzt eine Frau bitte allein in einer Bar? Und das nicht nur ausnahmsweise, sondern ständig. Wir zerrissen uns jeden Donnerstag das Maul darüber, warum Christiane allein am Tresen saß und Löcher in die Luft guckte.

Betrinken wollte sie sich offenbar nicht oder sie vergaß das Trinken einfach, denn sie saß immer nur vor ihrem Bier und knibbelte das Etikett ab. Mal klappte das in einem Rutsch und sie riss das komplette Papier herunter, mal musste sie sich erst mühsam vorankämpfen, bis die Flasche blitzblank und ihr Platz am Tresen voller Papierschnipsel war.

Woher ich das weiß? Ich beobachtete sie. Jeden Donnerstag. Denn sie war jeden Donnerstag da. Manchmal kam sie nach unserer Freunderunde, manchmal war sie bereits an ihrem gewohnten Platz am Tresen, als wir zur Tür hereinkamen.

Sie traf dort nie jemanden und ich sah sie auch nie mit jemandem sprechen, außer sie bestellte gerade ein neues Bier. Und obwohl ich sie sehr seltsam fand, wurde sie für mich von Mal zu Mal hübscher und interessanter. Was steckte hinter dieser schönen und doch offenbar so einsamen Frau? Ich nahm mir vor, das ans Licht zu bringen.

Also setzte ich mich eines Abends neben sie und sprach sie an. Natürlich kannte sie mich vom Sehen, schließlich war ich genau wie sie jeden Donnerstag in der Bar. Doch als ich sie darauf aufmerksam machte, sagte sie mir, ich sei ihr noch nie aufgefallen. Das war zwar nicht der beste Anfang, den man sich wünschen konnte, aber es gab ja schließlich noch die Liebe auf den zweiten Blick. Und so balzte ich mich durch mehrere Wochen, bis ich mich endlich traute, Christiane nach ihrer Handynummer zu fragen.

Nach mehreren Gesprächen erzählte sie mir auch, warum sie die Donnerstage allein in dieser Bar verbrachte. Sie wartete auf frühere Studienkollegen. Als sie noch studiert hatte, war das die Stammkneipe ihrer Clique gewesen. Nach dem Studium hatte Christiane die Stadt verlassen, war nun aber zurückgekehrt und hoffte jeden Donnerstag darauf, alte Freunde wiederzutreffen. Das war also das ganze Geheimnis um ihr ständiges Auftauchen in der Bar als einsame Jungfrau.

Mir machte das nichts aus, denn nur wegen ihrer ständigen Präsenz hatte ich überhaupt irgendwann den nötigen Mut zusammen, den ich brauchte, um sie anzusprechen.

Ich lernte Christiane näher kennen und sie traf sich auch jenseits der Donnerstagabende gern mit mir. Mit jedem Treffen gefiel sie mir besser und ich verliebte mich heftig in sie. Das war mir schon Jahre nicht mehr passiert und ich war überglücklich, solch eine tolle Frau an meiner Seite zu haben. Sie war schön, sehr gebildet, verstand sich wahnsinnig gut mit meinen Freunden und hatte nichts gegen Abende in unserer Lieblingsbar. Perfekter konnte sie für mich gar nicht sein.

Die Donnerstage wurden ein kleines Ritual für uns. So wie manche Pärchen donnerstags Sex haben, ins Kino gehen, Tennis spielen, die Eltern besuchen oder sonst irgendwelche Dinge taten, trafen wir uns mit meinen Freunden in der Bar. Es war ein wenig wie in der Serie *How I met your mother*, in der sich die Haupt-figuren auch immer in einer Bar treffen.

Ja, ich fühlte mich super. Und natürlich machte Christiane diese Abende nur noch meinetwegen mit. Warum hätte sie auch jetzt noch auf alte Freunde warten sollen? Sie hatte ja jetzt mich und meine Freunde. Ein schlechtes Gewissen hatte ich nicht, dass ich sie immer und immer wieder dorthin schleppte, denn sie zierte sich nie. Für sie war immer genauso klar wie für mich, dass wir die Abende zusammen in der Bar verbringen würden.

Dachte ich.

Eines Donnerstagabends saßen wir wieder zusammen in der Bar und Christiane war wieder mal dabei, das Etikett ihrer Flasche abzulösen. Diese Prozedur kannte ich fast auswendig. Wie ihre schmalen schönen Hände erst den Flaschenhals ent-langglitten, als wären es die Pfoten einer gefährlichen und doch so eleganten Raubkatze, die sich zunächst an ihr Opfer heran-schleicht, um es dann urplötzlich zu reißen – oder in diesem Fall abzureißen. Ein Mäuschen hätte nicht wehrloser sein können als das Etikett.

Als an diesem Abend die Tür aufging, schaute sie nicht mal auf, so gedanklich zentriert war sie. Ich hingegen hob meinen Blick von dieser wundervollen Frau und erblickte einen braun gebrannten Surferboy. Dass so jemand wie er gerade hier auftauchte, kam mir genauso seltsam vor wie Christianes erster Auftritt in der Bar. Und komischerweise setzte er sich, nachdem er sich scheu umgeschaut hatte, genau wie sie damals an die Theke.

Er ließ sich direkt neben Christiane nieder. Davon erschrocken, blickte sie von ihrem Bier auf. Er hatte sie wohl in ihren Gedanken gestört. Doch als sie ihn erkannte, hellte sich ihr Gesicht schlag-artig auf.

»Jonas? Bist du es?«

Ja, es war Jonas. Ein alter Studienkollege von Christiane. Die Freude der beiden war groß und auch ich freute mich für

Christiane, dass sie endlich auf einen alten Freund gestoßen war. Schließlich war das einmal der alleinige Grund gewesen, warum sie sehr viele Wochen lang allein in dieser Bar gesessen hatte.

Doch ich schien als Zuhörer nicht den ganzen Abend erwünscht zu sein und so setzten sich die beiden, nachdem ich eine Stunde lang ihren spannenden Gesprächen gelauscht und nicht mehr als ein Nicken beizusteuern hatte, an einen kleinen Tisch in die Ecke. Jonas war genauso wie Christiane vor Jahren weggezogen und vor Kurzem aus Australien zurückgekehrt. Das beantwortete meine unausgesprochene Frage, wie man zu dieser Jahreszeit einen so satten Teint haben konnte. Von Weitem beobachtete ich die beiden.

Meine Freude über deren Wiedersehen schrumpfte, je länger sie zusammensaßen. Selbst wenn ich blind gewesen wäre, hätte die Spannung, die sich da zwischen den beiden aufbaute, unangenehm auf meiner Haut gejuckt. Es war unübersehbar, dass sie sich mehr als sympathisch waren.

Das machte den Abend zu einer Tortur für mich. Ich war nicht in der Lage, mich auf ein einziges der Gespräche mit meinen Freunden zu konzentrieren. Was interessierten mich denn bitte die Zickereien zwischen einer Freundin und ihrer Kollegin! Oder der neue Sportwagen eines Freundes, geschweige denn eine verhunzte Frisur! Hello? Der Typ am Nebentisch stahl mir gerade meine Freundin von dem Zierteller, auf dem ich sie so schön präsentiert hatte. Das konnte ich doch nicht einfach so zulassen!

Anstatt den öden Geschichten meiner Freunde zu lauschen, verbrachte mein Kopf seine Zeit damit, sich einen Plan auszudenken, wie ich Christiane von Jonas weglocken konnte. Sollte ich mir eine Lüge einfallen lassen? Nein, im Lügen war und bin ich extrem schlecht. Es gibt keinen Menschen, der noch schlechter lügen kann als ich. Entweder ich muss lachen und verrate mich damit, oder meine Lügen sind so absurd, dass sie mir keiner abkauft. Also musste ein anderer Plan her.

Nach etwa einer Stunde hatte ich die perfekte Strategie gefunden: Wir mussten die Bar wechseln. Dringend. Ich wollte keine Zeit mehr verlieren, also platzte ich damit mitten in eine Unterhaltung, an der ich nicht eine Sekunde lang teilgenommen hatte.

»Wir müssen die Bar wechseln!«

Die anderen schauten mich entgeistert an.

»Warum das denn?«, war die erste Reaktion. Ich versuchte es mit einer zugegeben lahmen Ausrede:

»Weil wir immer in derselben Bar sind. Uns würde mal was Neues guttun.«

Zu meinem Erstaunen waren meine Freunde damit einverstanden, die Location zu wechseln und zu schauen, was uns eine andere Bar an Veränderung bringen würde. Diesem Mehrheitsbeschluss würde sich Christiane nicht entziehen können. Siegessicher stapfte ich zu ihrem Tisch rüber, um sie aus den Klauen dieses sexy Surfers zu retten. Wer steht schon auf so was?

»Ich unterbreche euch beide nur ungern, aber Christiane, wir möchten die Location wechseln.«

Erwartungsvoll schaute ich Christiane an und Christiane schaute ungläubig zurück.

»Warum das denn?«, fragte sie mich, genau wie es schon meine Freunde getan hatten. Und allein das kochte mir mein Herz dermaßen weich: Wie toll sich Christiane doch

Der Typ am Nebentisch stahl mir gerade meine Freundin von dem Zierteller, auf dem ich sie so schön präsentiert hatte. Das konnte ich doch nicht einfach so zulassen!

in meinen Freundeskreis integriert hatte – sogar ihre Gedanken hatten sich ihm angeglichen! Das war ja schon beinahe so, wie es manchmal bei besten Freundinnen passiert, die ihre Periode am selben Tag bekommen, weil sie so sehr aufeinander eingestellt sind. Also erklärte ich ihr liebend gern, warum wir eine Veränderung bräuchten.

Nach meinem mehrere Minuten andauernden Begründungs-monolog schaute ich sie erwartungsvoll an und rechnete mit Zustimmung.

»Dann geht doch alleine, ich möchte noch hierbleiben und mich mit Jonas unterhalten. Wir haben uns so lange nicht gesehen und haben uns viel zu erzählen. Das verstehst du doch, oder?«

Nein. Das verstand ich nicht. Das wollte ich auch nicht verstehen. Ich war sauer. Sauer, dass mein Plan nicht aufgegangen war. Und erst jetzt wurde mir die Konsequenz dieser Tatsache bewusst: Ich musste den Laden verlassen. Ich konnte mich nicht wieder umentscheiden, um Christiane wenigstens von Weitem im Auge zu behalten. Was für ein dummer Plan.

Widerwillig verließ ich die Bar, nachdem ich die Gruppe – nur scheinbar unnötig – aufgehalten hatte, indem ich zuerst unbedingt mein Bier austrinken wollte, dann die Ärmel meiner Jacke so verknotet hatte, dass ich sie erst mal umständlich entwirren musste, und danach noch Ewigkeiten brauchte, um mich von Christiane zu verabschieden.

Hätte ich gewusst, dass dies der letzte Abend sein sollte, an dem Christiane noch meine Freundin war, ich hätte mir noch weitere Zeitfresser einfallen lassen.

Ich unterlag einem Trugschluss: Ich hatte gedacht, dass ich mittlerweile der Grund gewesen sei, warum Christiane donnerstags mit in die Bar kam. Die Erkenntnis schmeckte so ekelhaft wie Sauerkraut: Indem Christiane mit mir eine Beziehung eingegangen war, hatten sich die Donnerstage für sie überhaupt nicht geändert. Sie wartete immer noch Woche für Woche darauf, dass sie ihre alten Freunde wiedersehen würde. Und ich hatte all die Abende danebengesessen und mit ihr gewartet. Unwissend und ungewollt.

Am nächsten Tag rief Christiane an und sagte mir, dass es ihr leidtäte, aber sie müsste die Beziehung zu mir beenden. Als ich sie nach dem Grund fragte, entgegnete sie verlegen:

»Jonas.«

10

Ich muss das, was wir haben, an dieser Stelle beenden

Simon (27), Student, Köln,
über
Tim (27), Student, Köln

Wenn mich jemand danach fragt, wie ich Tim kennengelernt habe, kann ich das nicht so genau beantworten. Es passierte nämlich auf einer Party, die man im Nachhinein als »versoffen« bezeichnen würde. Ich weiß nur noch, dass ich Tim an dem Abend zum ersten Mal gesehen habe – und kein Tequila, den ich an dem Abend zur Genüge in mich reingekippt habe, hätte dieses Erinnerungsbild auslöschen können.

Ich glaube, er war mit jemandem dort aufgetaucht, den ich kannte, deshalb wurden wir uns auch vorgestellt. Wie er hieß? Vergessen. Was wir einander erzählt haben? Vergessen. So stellt man sich nicht gerade ein romantisches Kennenlernen vor. Und trotzdem blieb die Erinnerung an ihn als Person bestehen.

Vielleicht lag es auch am Grad seiner Attraktivität. Er war ausgesprochen gut aussehend: dunkle, stylish geschnittene Haare, haselnussfarbene Augen und frech platzierte Grübchen, sobald ein Grinsen über sein Gesicht huschte.

Doch ich hatte es verbockt, ich war einfach nicht in der Lage gewesen, mehr über ihn zu erfahren, als dass er gut aussah und tolle Grübchen hatte.

In den darauffolgenden Tagen verschwand Tim also aus meinen Augen, aber nicht aus meinem Sinn, bis ich ihn zufällig entdeckte. Ich langweilte mich gerade durch den Tag und durchforstete deshalb eine von mir kreierte Liste auf *gayromeo.com*. Die Attribute bestanden aus: Köln, 18 bis 21 Jahre und Single. Eine sehr offene Liste, ich wollte schließlich neue Leute kennenlernen, war jung und zu Kompromissen bereit. Je eingrenzender die gewählten Attribute, umso kürzer ist am Ende die Trefferliste.

Donnerstags konnte er nicht, hatte er keine Zeit, wollte er mich nicht sehen. Nie. Aber warum er nicht konnte, sagte er nicht. Tim ging in keinster Weise auf die Gründe dafür ein – da versagten auch meine dedektivischen Künste.

Ich hatte an diesem Tag allerdings eine beachtliche Liste abzuarbeiten. Doch ich kam nicht weit, denn sofort stach mir Tim ins Auge. Ungläubig kniff ich die Augen zusammen und beugte mich zum Bildschirm vor, bis meine Nase nur noch einen Millimeter von seinem Abbild entfernt war. Nach einigen Minuten des Starrens war ich mir halbwegs sicher, dass das tatsächlich Tim war. Ich beschloss, ihn anzuschreiben.

Entgegen meiner Angst, er könnte mich vergessen haben, antwortete Tim zügig und hocherfreut. Nur wenige Zeilen später waren wir uns einig, dass ein Treffen stattfinden musste. Nur wann das passieren sollte, klärten wir nicht mehr am selben Tag. Dazu waren wir wohl einfach zu schüchtern.

Auch wenn wir kein Treffen ausgemacht hatten, träumte ich davon. Ich stellte mir vor, wie es ablaufen könnte, wo wir hingehen könnten, was ich essen und trinken würde. Hauptsache, ich hatte alles bis ins kleinste Detail geplant, ohne überhaupt zu wissen, ob es jemals dazu kommen würde.

Unverhofft kommt oft. Es gab tatsächlich ein Treffen, nur ganz anders als ich es mir ausgemalt hatte. Es geschah an einem Freitagabend, den ich zu Hause vor dem Fernseher verbrachte. In einer Werbepause wollte ich kurz Gayromeo checken, da sah ich, dass Tim online war. Ich schrieb ihn an, fragte, warum er denn an einem Freitagabend allein zu Hause sei. Es kam raus, dass wir den gleichen Film schauten und beide nicht vorhatten, noch lange aufzubleiben, geschweige denn, das Haus zu verlassen.

Das Gespräch entwickelte eine Eigendynamik und auf einmal fand ich mich vor meinem Kleiderschrank und danach im Badezimmer wieder, weil Tim und ich uns noch in derselben Nacht um halb zwei treffen wollten. Unspontan war Tim nicht.

Auf dieses Treffen folgten weitere. Mal trafen wir uns auf ein Bier, mal gingen wir ins Kino und schwupps waren wir ein Paar. Genauso unromantisch wie wir uns kennengelernt hatten, doch ich bin eh kein Typ für Romantik. Wer braucht das schon?

Tim und ich verbrachten eine gute Zeit miteinander. Aber lange sollte unser Glück nicht währen.

Eine Sache machte mich bald misstrauisch. Donnerstags konnte er nicht, hatte er keine Zeit, wollte er mich nicht sehen. Nie. Aber warum er nicht konnte, sagte er nicht. Der Donnerstag war tabu. Tim ging in keinster Weise auf die Gründe dafür ein – da versagten auch meine dedektivischen Künste. Es blieb einfach dabei, dass ich nicht wusste, was er donnerstags machte.

Eines Abends klingelte es an meiner Wohnungstür. Als ich sie öffnete, trat eine geknickte Person ein, die ich erst auf den zweiten Blick als den Tim identifizierte, den ich kannte. Es ging ihm unübersehbar schlecht. Ich bat ihn herein, fragte – von Ungeduld geplagt – sofort, was denn los sei. Nachdem er sich kraftlos aufs Sofa fallen lassen hatte, schaute er erst auf den Boden, dann an die Wand, dann wieder auf den Boden. Dabei seufzte er immer wieder. Dieses Spiel wiederholte er einige Male, bis er endlich mit der Sprache rausrückte.

»Ich muss das, was wir haben, an dieser Stelle beenden.«

Sprachlos schaute ich ihn an. Was hatte er da gerade gesagt?

Tim fuhr fort: »Es geht gerade nicht.«

Und schon spielten wir wieder das Spiel, dass er im Raum umhersah und ich ihn dabei beobachtete, wie er mit allen Mitteln versuchte, bloß nicht mich anzusehen.

Als nach unerträglichen Minuten noch immer keine Erklärung von seiner Seite kam, hielt ich es nicht mehr aus.

»Aber warum? Und warum so plötzlich? Habe ich irgendwas falsch gemacht? Von heute auf morgen, das überrumpelt mich total. Das kann doch nicht sein?!«

Nein, Tim machte keine Anstalten, mich aufzuklären. Stattdessen schaute er so gebannt auf meinen Tisch, dass ich Angst bekam, er könnte ihn mit seinem durchdringenden Blick durchlöchern.

Doch ich gab nicht auf, ich versuchte alles, um Tim nur ein Fünkchen Grund zu entlocken. Ich versuchte es auf die weiche Tour, ich bettelte, dann tat ich so, als wolle ich es nicht wissen. Bis ich mich dann entschied, es doch wieder wissen zu wollen, und lauter und energischer wurde. Meine Geduld nahm langsam ein Ende und ich wurde richtig sauer auf Tim. Das konnte jetzt ja wohl nicht sein Ernst sein, mich hier mit nichts zurücklassen zu wollen. Hinzu kam, dass ich absolut ratlos war, warum er mir das antat. Erschöpft und enttäuscht gab ich auf.

Nun blieb mir nichts anderes übrig, als sein Spiel mitzuspielen. Tisch, Boden, Wand. Tisch, Boden, Wand. Bilder unserer gemeinsamen Zeit tauchten vor meinem geistigen Auge auf, angefangen mit dem Abend unseres Kennenlernens, der mir auf ewig Tims Gestalt ins Hirn gebrannt hatte, bis zum Hier und Jetzt, wie er mir lautlos auf dem Sofa gegenübersaß und den Tisch anstarrte.

Ich wollte ihn gerade zum Gehen auffordern, da sprudelte es aus seinem Mund.

»Meine Psychologin ist der Grund.«

Er hatte so sehr genuschelt, dass ich ihn bitten musste, sich zu wiederholen. Doch das machte es für mich auch nicht nachvollziehbarer. Psychologin? Wo kam die denn auf einmal her? Und da verstand ich plötzlich: die Donnerstage! Doch was hatte seine Psychologin bitte mit unserer Beziehung zu tun?

»War das der Grund, warum du donnerstags nie Zeit hattest?«

»Ja«, druckste er.

»Aber seit wann sind Psychologen für das Beenden von Beziehungen? Sollten Beziehungen nicht eigentlich psychologische Behandlungen unterstützen?«

»Generell schon, nur in meinem Fall sieht es leider etwas anders aus.«

»Aber was hast du denn? Rede doch mit mir! Ich würde alles tun, um dir helfend zur Seite zu stehen.«

»Tut mir leid, Simon, meine Psychologin meint, ich sei noch nicht bereit, mich dir mitzuteilen. Dafür kennen wir uns zu kurz.«

Langsam wurde mir dieser Psychoquatsch zu bunt. Das alles klang wie aus einem schlechten Film.

Doch leider war es bittere Realität, dass eine Psychologin meine Beziehung zu Tim beendete, bevor sie überhaupt richtig hatte beginnen können. Und es war auch bittere Realität, dass ich niemals seine Gründe erfahren habe.

Ich saß machtlos neben Tim, war machtlos, als er sich verabschiedete, und musste machtlos mitansehen, wie er aus meinem Leben verschwand.

11

Hör auf damit,
ich muss mit dir reden

Sarah (22), Studentin, Dortmund,
über
Florian (23), Student, Dortmund

Paris. Die Stadt der Liebe. Dieser glorifizierte Ort. Der Mythos in Tausenden von Büchern, Filmen und Songs thematisiert und von unzähligen Paaren am Leben erhalten. Doch, und da bin ich mir sicher, die Urheber dieser Gerüchte waren alle nur zu Besuch dort, im Urlaub vielleicht. Tourten durch die malerischen Gassen, küssten sich vor dem Eiffelturm, aßen so viele Croissants, dass ihnen schlecht wurde, und reisten dann wieder ab. Deshalb sehen die meisten Menschen nie, wie Paris wirklich ist. Ich dagegen weiß es, denn ich habe ein Jahr in Paris gelebt, als Au-pair-Mädchen in einer französischen Familie.

Wie sehr ich mich auf dieses Jahr gefreut hatte. Auch ich kannte Paris damals nur aus Erzählungen, von den Schwärmereien und Geschichten aller Freunde und Bekannten, die bereits dort gewesen waren. Und bald würde ich dort wohnen, nein: leben, ein ganzes Jahr lang. Mit der Seine, dem typischen Flair und dem Charme dieser einmaligen Stadt jeden Tag vor der

Nase. Würde die Pariser Luft tagtäglich durch meine Lungen ziehen.

Als die Zusage ins Haus flatterte, flippte ich regelrecht aus, schrie und war von dieser Stunde an wahnsinnig aufgeregt. Mein Freund Florian war der Erste, den ich anrief und atemlos davon erzählte. Zu diesem Zeitpunkt kannten Florian und ich uns bereits sechs Jahre. Kennengelernt hatten wir uns, da war ich gerade 13 geworden. Er war der Cousin einer Freundin und kurz nach unserem Aufeinandertreffen wurde er dann mein Freund. Bis wir 18 waren, konnten wir uns nicht wirklich einigen, ob wir nun zusammen oder getrennt waren. Im ständigen Wechsel

Die Familie war ätzend, die Kids verwöhnt, das Haus prollig, die Nachbarschaft versnobt. Und das sollte ich jetzt ein ganzes Jahr lang ertragen?

waren wir ein Paar und wieder keins. Doch trafen wir uns dann nach einer Weile ohne den anderen wieder, sprühten die Funken zwischen uns nur so und die On-Off-Beziehung ging in die nächste Runde. Ich dachte auch an ihn, wenn wir nicht zusammen waren, und immer spürte ich eine Verbindung zwischen uns, die keine Einbildung sein konnte. Also ließ ich mich immer wieder auf ihn ein, ließ er sich immer wieder auf mich ein.

Als wir uns dann mit 18 Jahren eine (für unsere Verhältnisse) wirklich lange Zeit nicht gesehen hatten, trafen wir eines Tages aufeinander, kamen ein weiteres Mal zusammen und blieben es. Zu der Zeit, als der Au-pair-Bescheid für Paris kam, hatten wir es bereits über ein halbes Jahr miteinander ausgehalten. Er freute sich mit mir, war aber auch melancholisch. Zeitgleich. Doch die Melancholie behielt er, so gut es ging, für sich. Er wollte mir die Freude nicht verderben.

Doch ich bemerkte das sofort. Und nachdem ich mich zunächst nur gefreut hatte, begannen meine Gedanken nun, Kreise zu ziehen. Was war, wenn uns die Entfernung nicht guttun würde, wir unsere Beziehung nicht aufrechterhalten könnten? Ich vor Sehnsucht und Heimweh das Ganze nicht genießen können würde, worauf ich so lange hingearbeitet hatte und was mir nun ganz nah war? Ich schob die Gedanken von mir, sperrte sie in den Schrank, schloss die Türen ab, doch es gab immer wieder Momente, in denen sie sich in mein Hirn schlichen.

Am Tag der Abreise war ich aufgeregt und traurig. Und gespannt und melancholisch. Und freute mich und freute mich nicht. Alles durcheinander. Totales Kopfchaos. Das ist jetzt die letzte Umarmung, dachte ich, der letzte Kuss. Ich weinte und lachte gleichzeitig, als ich am Flughafen den Sicherheitscheck passierte und Florian bald darauf nicht mehr sah. Im Flugzeug war ich der schlechteste und unbeliebteste Gast des ganzen Fluges. Das Chaos in meinem Kopf nahm kein Ende, sodass ich bei der Landung in Paris erschöpft und kopfschmerzgeplagt war. Schöner hätte es ja nicht beginnen können, mein Jahr in Paris, dachte ich mir.

In der ersten Woche war ich noch aufgeregt. Alles war neu für mich: die Familie, die Kids, das Haus, die Umgebung. Doch schon in der zweiten Woche ließ die Aufregung nach. Die Familie war ätzend, die Kids verwöhnt, das Haus prollig, die Nachbarschaft versnobt. Und das sollte ich jetzt ein ganzes Jahr lang ertragen? Unvorstellbar.

Ich bekam nur selten frei. Genau genommen hätte ich auch in einer Platte im tiefsten Brandenburg leben können anstatt in Paris, es hätte kaum einen Unterschied gemacht. So wie ich mir dieses Jahr vorgestellt, ausgemalt, erträumt hatte, war es nicht mal ansatzweise. Und dann war ich auch noch von meiner großen Liebe getrennt. Ich hatte niemals in meinem Leben schlimmeres Heimweh gehabt als in den ersten Wochen in Paris. Doch die Wochen und Monate vergingen und langsam gewöhnte ich mich daran. Auch an die Familie, die Kids, das Haus und die Nachbarschaft. Ich kam immer besser mit den Kindern zurecht, entwickelte sogar Gefühle für sie und verbrachte oft eine schöne Zeit mit ihnen.

Die Mutter der Kinder kam immer früher von der Arbeit zurück als der Vater und so verbrachten sie und ich mehr Zeit miteinander und näherten uns langsam an. Nach einer Weile verstanden wir uns richtig gut, denn mein Französisch besserte sich von Tag zu Tag. Sie war eine unvorstellbar schöne Frau mit einer extrem schlanken, ja, zierlichen Figur. Ihr Äußeres erforderte eiserne Disziplin, wie ich erfuhr, je öfter ich mit ihr zu tun hatte. Beim Essen hatte sie als Einzige einen kleineren Teller, damit er voller aussah, als er eigentlich war. Kohlenhydrate wie Kartoffeln, Reis und Brot verschmähte sie fast komplett und sie ließ jedes Mal etwas auf ihrem Miniteller zurück.

»Keinen Hunger mehr«, sagte sie jedes Mal und: »Puh, nun bin ich aber vollgegessen.« Statt zu essen, trank sie literweise Wasser und ungesüßten Tee. Mit jedem Tag, an dem ich sie beobachten konnte, verdichtete sich eine Erkenntnis in meinem Kopf: Um schön und erfolgreich zu sein, muss man diszipliniert sein. Immer häufiger war es mir unangenehm, dass ich viel mehr aß und in meinem jungen Alter mehr Kilos auf die Waage brachte als sie. Hatte ich mich vor Paris noch normal und gut gefunden, so wie ich war, konnte ich mich nun nicht mehr im Spiegel sehen. Ich begann, mich vor mir selbst zu ekeln. Auf den Straßen von Paris sah ich nur noch dünne, schöne Frauen und ich hatte immer weniger Lust, vor die Tür zu gehen, weil ich mir dicker und dicker vorkam, je mehr Zeit verging.

Und so beschloss ich bald, mir meine Gastmutter als Vorbild zu nehmen. Sie joggte jeden Morgen, während ihre Kinder und ich noch schliefen. Als ich sie fragte, ob ich sie zum Joggen begleiten könnte, war sie sofort Feuer und Flamme und triezte mich von nun an jeden Morgen. Zum Essen legte ich fortan mir und ihr nur einen kleinen Teller auf die Tischdecke und fuhr meine Nahrungsaufnahme drastisch zurück. Ich wurde schwächer, hatte ständig Hunger und ernährte mich mehr und mehr von Wasser. Bald hatte ich Schwindelanfälle und kippte sogar einmal morgens beim Joggen um. Doch die Ergebnisse waren fantastisch: Ich nahm rasant ab. Der morgendliche Gang auf die Waage bestimmte meinen Tag, er entschied, ob ich gut oder schlecht gelaunt war.

Alle drei Monate durfte ich nach Deutschland, um meine Familie zu besuchen. Die Fernbeziehung zu Florian verlief ohne große Probleme und sehr harmonisch. Wir schrieben uns und telefonierten viel. Auch wenn wir uns sahen, war unser Verhältnis schön und entspannt. Doch je verbissener ich gegen mein Gewicht kämpfte, umso größer wurde die Regenwolke, die sich unbemerkt über uns geschoben hatte. Ich erkannte die Warnzeichen nicht, sondern machte immer weiter.

Als ich in einer Woche mal nicht abgenommen hatte, begann ich, meine Nahrungszufuhr noch drastischer einzuschränken. Und hatte ich, meiner Meinung nach, zu viel gegessen, legte ich eine weitere Runde Joggen ein.

Ich hungerte mich so weit herunter, dass ich irgendwann nichts weiter als eine Salatgurke am Tag zu mir nahm. Mit meinen 1,78 Metern wog ich nur noch 55 Kilo.

Mein diszipliniertes Essverhalten schlug sich kaum noch auf der Waage nieder und ich verzweifelte schier an mir selbst, wurde depressiv. Mein Jahr in Frankreich war schon fast vorüber, als Florian und ich begannen, uns häufiger am Telefon zu streiten. Meistens ging es um mich und mein Essverhalten, da es für mich kein anderes Thema mehr gab und ich ständig mit ihm darüber sprach. Ich war bald nicht mehr in der Lage, ihm richtig zu-zuhören, denn was er mir erzählte, war nicht mehr wichtig für mich. Nur noch ich selbst und mein größter Feind, das Essen, beschäftigten mich.

Zurück in Deutschland spielte ich mein Spiel weiter. Meine El-tern waren bei meinem Anblick entsetzt. Bei ihnen schrillten sofort die Alarmglocken, als sie mich so abgemagert sahen. Bei meinem letzten Besuch war ich zwar schlanker gewesen als vorher, aber als ich nun endgültig aus Paris zurückkehrte, war ich krankhaft abgemagert und sah auch überhaupt nicht ein, mit dem Hungern aufzuhören. Ich ließ alle Versuche meiner Mitmenschen, mit mir ein Gespräch zu suchen, an mir abprallen. Es war zu spät, ich war in meiner Sucht, dünn sein zu wollen, gefangen. Meine Eltern versuchten, mich zum Essen zu zwingen, sie versuchten, mir klarzumachen, dass ich krank sei, doch schlussendlich konnten sie mir nur dabei zusehen, wie ich dünner und dünner wurde. Florian dagegen sagte nie etwas. Er sprach mich nie auf mein Gewicht an. Das war mir nur recht. Er war der Einzige, der mich nicht behelligte und mich mein Ding durchziehen ließ. Im Endeffekt stärkte er mir damit den Rücken und ließ mich meine Illusion weiterleben.

Eines Abends waren wir zusammen mit Freunden in einer Diskothek. Als Florian vom Alkohol beschwipst war (ich trank keinen mehr: zu viele Kalorien), brach er auf einmal sein Schweigen und sprach mich auf mein Gewicht an. Ich wollte aber an so einem Ort nicht mit ihm darüber reden und vertröstete ihn auf den nächsten Tag, um ein klärendes Gespräch zu führen.

Doch das sollte niemals stattfinden. Florian schloss wohl in den darauffolgenden Tagen mit mir ab – aber ohne mit mir geredet zu haben. Er entfernte sich von mir, doch ich merkte es nicht, weil ich zu sehr mit mir selbst beschäftigt war.

Eine Woche nach unserem Abend in der Diskothek klingelte Florian bei uns zu Hause. Er kam mit schnellen Schritten den Flur hinuntergelaufen und öffnete die Tür zu meinem Zimmer, in dem ich gerade Situps machte, weil ich einem Stück Schokolade nicht hatte widerstehen können.

Als ich in einer Woche mal nicht abgenommen hatte, begann ich, meine Nahrungszufuhr noch drastischer einzuschränken.

»Hör auf damit, ich muss mit dir reden«, herrschte er mich an.

»Kann ich nicht währenddessen …«

»Nein, was ich dir sagen möchte, ist wichtig, ich will deine komplette Aufmerksamkeit.«

Nur widerwillig setzte ich mich neben ihn.

»Es ist aus zwischen uns. Ich kann das Ganze nicht mehr ertragen. Du bist nicht mehr dieselbe, weder von innen noch von außen, ich erkenne dich nicht wieder. Du bist ein anderer Mensch geworden, dessen Nähe ich nicht aushalten kann.«

Beim letzten Satz stand er schon, bereit, das Zimmer zu verlassen.

»Mach's gut, Sarah«, sagte er noch, dann war er weg.

Nicht mal fünf Minuten Zeit hatte er sich genommen, um unsere Beziehung zu beenden. Ich starrte auf die Stelle des Sofas, an der er eben noch gesessen hatte, und konnte es nicht fassen. Es dauerte, bis ich seine Rede gedanklich so oft wiederholt hatte, dass ich verstand, dass er mich gerade tatsächlich verlassen hatte. Die erste Träne quetschte sich fast schon schmerzhaft aus meinem Auge. Ihr folgten weitere, sie liefen meine Wangen herunter, tropften von meinem Kinn und nässten mein T-Shirt. Erschöpft legte ich den Kopf auf das Sofa und weinte mich in den Schlaf.

Florian ließ mich mit mir, meiner Depression und meiner Magersucht alleine. Mit seinem Schlussstrich schloss er komplett mit mir ab: nicht nur mit mir als feste Freundin, sondern auch mit mir als Freund. Er interessierte sich von da an nicht mehr dafür, wie es mir erging, er fragte niemals nach. Ich war wie tot für ihn. Nach sieben Jahren, die wir uns bis dahin schon gekannt hatten, hatte er mich einfach fallen und im Stich gelassen.

Heute denke ich: Die Liebe kann gehen, das passiert. Aber wer seine Freundin, die er seit Jahren kennt, in einer solchen Situation einfach alleine lässt, ist ein echtes Arschloch.

Eine Woche nachdem unsere Beziehung beendet war, hatte er sogar schon eine neue Freundin gefunden und ich stürzte noch weiter ab. Schlimmer hätte er es fast nicht machen können.

Paris. Die Stadt der Liebe. Wenn das noch mal jemand in meiner Nähe sagt, bekommt er eine rein.

12

Wir beobachten das den Sommer über

Phillip (32), Rechtsanwalt, Frankfurt am Main,
über
Nadine (33), Modedesignerin, München

Phillip und Nadine. Nadine und Phillip. Wenn es damals schon Sitte gewesen wäre, Pärchen mit einem Wort wie »Brangelina« abzukürzen, meine Freunde hätten diese Möglichkeit sicher wahrgenommen. Solange ich denken kann, war Nadine meine Freundin gewesen. Nicht nur unsere ganze Jugend hatten wir miteinander verbracht, auch unsere ersten Beziehungserfahrungen machten wir natürlich miteinander. Und aller Anfang ist schwer, das möchte ich nicht abstreiten. Ich erinnere mich noch sehr gut daran, als ich ihre Familie kennenlernen durfte. Oder musste – wie man's nimmt.

Ich habe weder davor noch danach jemals wieder so spießige Menschen kennengelernt. Man schlage sein Gedankenbilderbuch auf und sehe sich die typische Spießerfamilie vom Land an: Der Vater ist Jäger. Wie imposant. Und wie schön doch die ganzen toten Tiere sind, die einen von jeder Wand in diesem Haus beobachten, geradezu anstarren. Unfassbar schön. Und wer putzt die ganzen toten Köpfe regelmäßig? Natürlich die Mutter, die »Hausfrau« als Beruf angeben darf. Doch nein, das ist noch nicht alles.

Wer wohnt noch mit im Haus? Richtig: die Großeltern. Ist doch klar. Ein konservativeres Landei hätte ich nicht finden können. Dabei durchlebte ich gerade meine Gothic-Phase, war schwarz und böse und alles andere als familienkonform. Abgesehen davon, dass Nadines Familienmitglieder in politischen Belangen schwarz wählten, war diese Farbe mit ihrer Familie unvereinbar. Nachdem rauskam, dass ich nicht katholisch bin, wurde sogar die demente Oma in negativer Weise auf mich aufmerksam: »Was? Protestant? Oh mein Gott ...«

Ich wurde von ihnen abgestempelt. Damit ging ich aber ziemlich gelassen um, denn jedes Treffen mit Nadines Familie hatte auch Zeit mit Nadine als Belohnung. Sie war das schönste Mädchen, das ich jemals gesehen hatte. Blondes langes Haar, braune Augen, klein und zierlich gewachsen und ein Gesicht so zart, als sei es aus Marzipan. Mädchen- und prinzessinnenhaft, grazil und elegant. Dieses unübertreffbare Äußere blendete mich bereits das erste Mal, als ich sie sah. Blenden führt schnell zu Verblendung. So nannten meine Freunde meinen Zustand jedenfalls. Es dauerte Jahre, bis ich hinter Nadines kunstvolle Fassade – die man übrigens auch mit großem Aufwand instandhalten musste – schauen konnte. Zu Anfang unserer Beziehung erkannte ich noch nicht, wie Nadine wirklich drauf war.

Nach ein paar Jahren mit ihr an meiner Seite waren meine Freunde dermaßen genervt von ihr, dass sie ihr einen Spitznamen gaben: Pussy. Im Nachhinein muss ich sagen, der war wie auf sie zugeschnitten.

Aber damals war ich ziemlich sauer auf meine Freunde, dass sie meinen Engel so nannten. Mit dem Abitur kamen die Pläne für die Zukunft. Ich wollte in Frankfurt bleiben. Das ist meine Stadt. Hier wohnen meine Freunde und meine Mutter, die ich nicht alleine lassen wollte. Also schrieb ich mich in Frankfurt ein.

Nadine dagegen hatte ganz andere, viel hochtrabendere Pläne. Sie entschied sich schlussendlich für ein Modedesign-Studium in

München. Um die Ecke sozusagen. Also trat ich alle zwei bis drei Wochen den Weg nach München an, denn ich war derjenige von uns, der ein Auto hatte. Und damit auch die Arschkarte. Mal wieder.

Nur selten kam Nadine im Gegenzug in ihr Dörfchen in der Nähe von Frankfurt zurück. Doch wenn sie mal ein paar Tage in der Heimat verbrachte, folgte ihre Zeiteinteilung einer klar strukturierten Prioritätenliste, auf der ich mich hinter Familie, Freunden, Feiern und Chillen einreihen durfte. Danke auch.

Ich kam sie besuchen, sooft es ging, und stand dann immer exklusiv zu ihrer Verfügung. Eine andere Wahl hatte ich nicht: Ich kannte in München ja niemanden. Im Gegensatz dazu schaffte es Nadine aber nicht, sich Zeit für mich zu nehmen.

Nadine konnte sehr herrisch sein. Und ich ließ mir einiges von ihr gefallen. Bis sie irgendwann den Sex mit mir boykottierte. Ich bin ein sehr körperlicher Mensch. Eben ein Mann. Zunächst habe ich versucht, Nadine mit Joints und Alkohol gefügig zu machen. Das funktionierte auch super, doch irgendwann bekam ich sie ohne diese Hilfsmittel gar nicht mehr dazu. Und bald half selbst das nicht mehr. Wenn ich es nicht schaffte, sie dazu zu bringen, mit mir zu schlafen, musste ich immer zwei bis drei Wochen warten, bis ich sie wieder besuchte. Und selbst dann war noch unklar, ob wir es dieses Mal tun würden. So kam ich auf unendlich scheinende sechs Monate ohne Sex.

> Nachdem rauskam, dass ich nicht katholisch bin, wurde sogar die demente Oma in negativer Weise auf mich aufmerksam: »Was? Protestant? Oh mein Gott ...«

Nadine war zu Anfang sehr erfinderisch, was ihre Ausreden betraf: Kopfschmerzen, müde, Stress in der Uni. Oft erwischte ich unglücklicherweise die Zeit ihrer Periode, was irgendwann so häufig vorkam, dass ich nachforschte und herausfand, dass sie mich anlog. Als ich sie darauf ansprach, reagierte sie pissig, wurde aggressiv, aber log mich danach, zumindest was dieses

Thema anging, nicht mehr an. Was es nicht besser machte. Denn jetzt hieß ihre Ausrede jedes Mal »Keinen Bock!«, was fast noch schlimmer war als die Vorstellung, dass sie vielleicht wirklich Kopfschmerzen hatte.

Nadine stellte den Sex und auch sonst alle Zärtlichkeiten ein, als mein Vater gerade im Sterben lag. Er hatte Krebs. Und mit mir noch nie ein gutes Verhältnis gehabt. In einer intakten Familie, in der der Vater immer für einen da ist und man sich versteht, ist der Tod des Vaters ein schwerer Verlust, aber zu verkraften. Man steht am Sterbebett, weint, nimmt Abschied, trauert und erholt sich irgendwann davon. Ich dagegen lief mit gemischten Gefühlen durch die Straßen, fühlte mich mit ihm verbunden und auch nicht. Unverstanden, ziellos und noch dazu ohne Zeit, mich mit alldem auseinanderzusetzen, denn der Krebs war höchst aggressiv und arbeitete sich schnell durch den sterbenden Körper meines Vaters.

Ich ließ mich mehr und mehr gehen, nahm an Gewicht zu. Wurde melancholisch. Es machte kaum Sinn, mit Nadine über meinen Vater zu sprechen, denn sie verstand gar nicht, warum mich diese Situation so fertigmachte. Das konnte ich ihr noch nicht mal übel nehmen, ich verstand es ja selbst nicht. Die Folge war, dass ich noch weniger darüber redete und alles nur noch in mich hineinfraß.

Immer häufiger hatte ich das Gefühl, dass Nadine sich regelrecht vor mir ekelte. Nachdem wir schon eine Weile keinen Sex mehr gehabt hatten, hatte sie auch den Oralverkehr eingestellt. Das minderte mein Selbstbewusstsein, das eh nie das größte gewesen war.

So sehr ich Nadine auch vergötterte, das war ein Zustand, den ich nicht sehr lange aushielt. Am Telefon tauschten wir uns eines Abends darüber aus, dass es gerade nicht gut zwischen uns lief. Heute glaube ich, keiner von uns beiden hatte den Mut, die Sache schon zu diesem Zeitpunkt zu beenden. Denn auch wenn sie und ich nicht über meinen Vater sprachen, so war sie doch einer der

Grundpfeiler meines Lebens, auf den ich in dieser Situation nicht verzichten wollte.

Weshalb *sie* nicht Schluss machte, ist mir bis heute schleierhaft. Doch sie pochte darauf, dass wir unsere Situation den Sommer über beobachten sollten. Den Sommer über umfasste einen Zeitraum von zwei Monaten. Juni und Juli. Zwei Monate, in denen wir uns – wenn es hochkam – dreimal sehen würden. Wahnsinn.

> Sehr schnell bot sich mir die Gelegenheit, Anna, eine Kommilitonin aus einem Seminar an der Uni, flachzulegen. Nein, ich hatte kein schlechtes Gewissen. Schließlich hatte ich einen Freischein.

Als ich nach einem Wochenende bei Nadine, an dem sie mich einmal mehr zurückgewiesen hatte, wieder zu Hause angekommen war, wählte ich ihre Nummer und sprach sie am Telefon direkt auf das Problem an. Aber wer hätte das gedacht? Auch dafür hatte Nadine eine Lösung. Sie erklärte mich für »vögelfrei«.

»Wenn du es unbedingt brauchst, such dir bitte eine, die du flachlegen kannst.«

»Wie bitte? Und du?«

»Was soll mit mir sein?«

»Sind wir dann noch zusammen?«

»Ja, nur Sex haben wir keinen, den hast du mit einer anderen.«

Dieses Gespräch dauerte ewig. Ich konnte nicht glauben, was sie mir da anbot, ich witterte eine Falle. Doch auch als ich ein paar Tage später noch einmal mit ihr darüber sprach, war sie immer noch derselben Meinung: »Schlaf mit einer anderen.« Und jetzt mal ganz ehrlich: Welcher Mann hätte das nicht gern – eine Frau, die er liebt, und eine, mit der er sich ausleben kann! Besser hätte es nicht sein können.

Ich wurde sofort aktiv. Und lange suchen musste ich nicht. Sehr schnell bot sich mir die Gelegenheit, Anna, eine Kommilitonin aus einem Seminar an der Uni, flachzulegen. Nein, ich hatte kein schlechtes Gewissen. Schließlich hatte ich einen Freischein. Und es war wunderbar. Anna fühlte sich so großartig an. Sie war heiß, sie war schön, sie war versaut, sie war genau das, was ich jetzt brauchte.

Und sie wollte mich, sie wollte alles an mir. Sie ekelte sich nicht davor, mit mir Oralverkehr zu haben, meine vernachlässigte Figur nahm sie offenbar gar nicht als solche wahr. Mit Anna bekam ich etwas von meinem Leben und auch von meiner Selbstachtung zurück, die ich bei Nadine eingebüßt hatte. Ich allein hatte Anna in der Hand und das gefiel mir sehr. Ich bestellte sie, wann immer ich wollte, und sie kam jedes Mal und war jedes Mal heiß.

Nadine ließ mich gewähren, ich wähnte mich in Sicherheit. Bis wir eines Abends wieder telefonierten.

»Phillip, ich hab mir Gedanken gemacht«, niemals fängt etwas Gutes mit diesem Satz an, »eigentlich können wir uns die ›Wir beobachten das den Sommer über‹-Sache auch schenken. Du vögelst eine andere, ich frage mich, was du überhaupt noch von mir willst und warum du mich überhaupt noch anrufst.«

Da war sie also, die Falle. Und ich war blind hineingetappt. Ich hatte ihren Worten Glauben geschenkt. Ich war so ein Idiot gewesen. Natürlich wollte ich Sex, aber ich wollte doch Nadine nicht verlieren.

»Nadine, du hast mir einen Freischein gegeben. Wundere dich doch nicht darüber, dass ich ihn auch einlöse. Wenn du das nicht gewollt hast, warum hast du mir dann eingeredet, dass das eine Lösung für dich und mich sein könnte?«

»Ich bitte dich, Phillip, hast du wirklich gedacht, du kannst mich als Freundin haben und dich gleichzeitig von einer anderen Frau verwöhnen lassen? Soll ich dir vielleicht noch dabei zusehen, wie du mich betrügst?«

So sehr ich auch versuchte, mich herauszuwinden: Die Falle war zugeschnappt. Und unsere Beziehung am Ende.

13

Wie prüde bist du eigentlich?

Max (37), Sozialarbeiter, Köln,
über
Julia (45), Schauspielerin, Darmstadt

Das Abi lag hinter mir. Nichts konnte meinen Entdeckungs-
drang trüben, nichts meine Abenteuerlust schmälern. Weg
von der konservativen hin zur chaotischen Lebensweise. Ich hatte
gerade meine erste eigene Wohnung bezogen, mein Leben konnte
beginnen. Ich war zum Studieren nach Darmstadt gekommen.
Sozialpädagogik. Ich nahm mein Studium nicht besonders ernst.
»Nicht besonders« ist noch übertrieben.

Statt in die Uni zu gehen, ging ich auf Partys. Ich nahm jede
Einladung an, die ich bekam. Bald lernte ich Julia kennen. Julia
war wesentlich älter als ich, aber auch die coolste Frau, die ich
bis zu diesem Zeitpunkt kennengelernt hatte. Sie wohnte in einer
WG mit einem alten Schulfreund von mir, spielte Gitarre in einer
Band, war rebellisch und lebte immer wieder aufs Neue in Tag
und Nacht hinein, als wären es die letzten, die sie erleben dürfte.

Sie war blond, zartgliedrig und hatte doch diese ganz unweib-
liche Straßenkötermentalität, mit der sie durch die Welt ging. Diese
Mischung faszinierte mich. Auf Anhieb. Eine WG-Party war dafür
verantwortlich, dass sich unsere Lebenswege kreuzten, und es war
schnell klar, dass sich etwas zwischen uns entwickeln würde. Wir

führten lange Gespräche, für alles andere war ich damals mit meinen zwanzig Jahren noch zu schüchtern. Julia war schließlich kein kleines Mädchen mehr, sondern bereits eine Frau von 28 Jahren. Sie hatte immer dieses Funkeln in den Augen, wenn sie mit mir sprach. Ich befand mich zur Zeit unseres Kennenlernens noch in einer Beziehung, die ich aus meiner Schulzeit in mein neues Leben hinübergerettet hatte, die aber schon aufgrund der Entfernung und meines Drangs, möglichst schnell möglichst viel zu erleben, zum Scheitern verurteilt war. Wenige Wochen später war der Käse gegessen und ich war frei. Frei für Julia.

Eines Abends stand sie dann einfach so vor meiner Tür. Ich war baff – diese Frau hatte wirklich Biss. Sie trug einen großen Hut und sagte, als sei es selbstverständlich: »Haste Zeit? Ich leg dir die Karten.«

Ein Vorwand, ein subtiler Vorwand, der mich beeindruckte. Ich hätte mich niemals getraut, Julia zu mir nach Hause einzuladen, also war ich dankbar für ihr plötzliches Aufkreuzen und bat sie herein. Zwar sagte Julia mir dann weder meinen Tod noch den Tag meiner Hochzeit voraus, doch machte sie mich trotzdem nervös, da sie keine Anstalten machte zu gehen. Ich beobachtete ihre Hände, während sie die Karten mischte. Sie hatte diese Bewegung vollkommen verinnerlicht, sodass das Papier elegant durch ihre Hände glitt. Diese grazilen Finger bescherten mir Phantasien über Julias Gelenkigkeit und das machte mich beinahe verrückt. Wer bereits so schön Karten legen konnte …

Ich traute mich nicht, sie darauf anzusprechen. Vielleicht war ihr das aus Versehen passiert und ich wollte nicht, dass es ihr peinlich war und sie sich deswegen schlecht fühlte.

Die Minuten tauschten mit den Stunden. Es wurde später und später. Wir wurden betrunkener und einander gegenüber immer offener. Und ich dachte mehr und mehr darüber nach, wie es wohl wäre, mit Julia zu schlafen.

Gegen eins schielte sie auf die Uhr.

»Es macht dir doch nichts aus, wenn ich hier penn, oder?«

Meine Wohnung war beinahe so unschuldig wie ich, doch jetzt, da Julia bleiben wollte, wurde mir klar, dass sie diese vier Wände mit mir einweihen würde. Vor Aufregung verschluckte ich mich an meinem Bier. Hustend versicherte ich ihr, dass es völlig in Ordnung sei, wenn sie bliebe.

Julia musste eigentlich gar nichts machen, nur sie selbst sein. Schon allein das machte mich wahnsinnig an. Wir kamen uns näher und sie küsste mich. Ich zog ihr den Hut vom Kopf, ich streifte ihr Shirt hoch, küsste ihren Hals, ihren Nacken. Sie roch nach Vanille, vielleicht lag das an den Vanillezigarillos, die sie immer rauchte. Sie duftete irgendwie gefährlich, auch wenn das eventuell ihrer Wodkafahne geschuldet war.

Sie setzte sich in Reiterposition auf mich und ich hatte Sex wie noch nie zuvor in meinem Leben. Julia war im Bett kein Vergleich zu meiner Exfreundin aus der Schule: Sie war zügellos und egoistisch. Sie bewegte sich rhythmisch fließend, ähnlich der Bewegungen, die sie zuvor beim Kartenmischen gemacht hatte. Dabei hielt sie die Augen geschlossen und umfasste ihre Brüste mit den Händen. Und ich hatte die beste Position, um sie bei ihrem Spiel beobachten zu können. Glücklicher hätte sie mich in diesem Moment nicht machen können. Ich bewunderte ihre Selbstsicherheit. Das machte sie noch schöner, als sie es sowieso schon war.

Sie stöhnte laut, als sie auf mir zum Orgasmus kam. Julia war unglaublich feucht, zumindest dachte ich das. Doch irgendwann irritierte mich dieser stechende Geruch, der immer intensiver wurde. Es roch nach Urin. Ich lag in erkalteter Feuchtigkeit und mir kam eine Erkenntnis: Julia hatte, während sie mit mir geschlafen hatte, uriniert. Erst konnte ich es nicht glauben, doch der Geruch wurde immer stärker. Es war hundertprozentig Urin.

Ich traute mich nicht, sie darauf anzusprechen. Vielleicht war ihr das aus Versehen passiert und ich wollte nicht, dass es ihr peinlich war und sie sich deswegen schlecht fühlte. Doch ich war geschockt und mein Reinlichkeitsempfinden heftig verletzt.

Nachdem Julia gegangen war, dachte ich immer und immer wieder über das Erlebnis nach. Ich wechselte die Bettwäsche, lüftete die Matratze, wusch die Wäsche zweimal. Und immer wieder konnte ich es nicht glauben, doch es war passiert, es war wirklich passiert.

Als ich Julia das nächste Mal traf, hatte ich mir so sehr eingeredet, es sei keine Absicht von ihr gewesen, dass ich nicht mehr daran dachte.

Ich war wieder mal fasziniert von dieser Lebefrau. Sie saß auf meiner Bettkante, spielte Gitarre und sang dazu. Mein Blick wich nicht eine Sekunde lang von ihr. Ich war so verschossen in diese Frau. Wir tranken Wein, Bier, Schnaps. Wir kifften. Und wir schliefen wieder miteinander.

Und Julia urinierte wieder, während sie mich ritt.

Ich machte mir Gedanken darüber. Ich fragte mich, warum sie das tat. Ich fand diese Sexpraktik zunehmend ekelhaft. Vor allem den stechenden Geruch. Und die Arbeit danach war lästig. Waschen ist nicht gerade meine Lieblingsbeschäftigung.

Ich befand mich in einer Zwickmühle, denn ich mochte Julia wirklich gern und war ihr dermaßen hörig, dass ich es nicht riskieren wollte, dass sie mich mied, sobald ich sie darauf angesprochen hatte. Also schwieg ich und spielte mit. Eine Zeit lang konnte ich mir einreden, dass mir Julias Neigung gar nichts ausmachte. Die Treffen mit ihr waren so bereichernd. Doch ich hatte immer weniger Lust, mit ihr zu schlafen. Der Gedanke daran, dass sie mich wieder anpissen würde, war einfach abstoßend. Ich ekelte mich so sehr, dass ich mich in den Nächten ohne Julia auf die viel zu kleine Couch quetschte, um nicht in diesem Bett schlafen zu müssen.

Irgendwann war sie wieder bei mir zu Besuch. Ich hatte einen ketzerischen Tag und fand den Mut, sie auf die Sache anzusprechen.

»Julia, ich muss dich mal was fragen: Warum urinierst du beim Sex?«

Ich war selbst von mir und meiner Direktheit überrascht, doch Julia hatte sie heftig getroffen. Sie funkelte mich sofort böse an. War vor ein paar Minuten noch Sonnenschein zwischen ihr und mir gewesen, kam nun ein Tornado auf. Aggressiv fragte sie mich:

»Warum interessiert dich das, Max?«

Ich versuchte zurückzurudern, auf verständnisvoll zu machen: »Julia, ich würde gern begreifen, warum du das machst.«

Doch es war zu spät, Julia keifte zurück: »Hast du etwa ein Problem damit?« und beschimpfte mich sogar: »Wie prüde bist du eigentlich?«

Sie hatte keine Lust, mit mir darüber zu reden. Stattdessen beschimpfte sie mich fortwährend. Dieses Gespräch war ihr sichtlich unangenehm und das Ergebnis war, dass die Beziehung zu Julia sich veränderte: Die Selbstsicherheit, die sie als Person ausgemacht hatte, war mit dem Versickern des Gesprächs verloren gegangen. Zwar trafen wir uns noch ein paar Mal, aber irgendwann hörte sie auf, sich bei mir zu melden, und ich ließ sie ebenfalls in Ruhe.

Ich kaufte mir eine neue Matratze und schloss damit das Kapitel Julia ab.

14

Männer regieren die Welt

Natalie (24), Studentin, Köln,
über
Carsten (23), Student, Frankfurt

Jeder kannte Carsten. Carsten war ein grässlich dünner, hochgewachsener Junge, der immer zu kurze Jeans trug und eine undefinierbare Haarfarbe zwischen Braun, Blond und Rot hatte. Er sah ein bisschen aus wie ein Chamäleon. Aber kein süßes. Und egal welche Farbe gerade zu dominieren schien: Keine machte ihn ansehnlicher. Außerdem war er laut und frech und unangenehm.

Als ich ihn kennenlernte, muss ich zwölf Jahre alt gewesen sein. Selbst heute habe ich noch im Kopf, wie wir über ihn und seine Freunde gelacht haben, wenn sie in der Pause unkontrollierbar durch die Gänge sprangen.

Jahre später traf ich Carsten auf einer Party. Ich hatte ihn lange nicht gesehen. Wir kamen ins Gespräch. Und auch wenn ich heute nicht mehr weiß, worüber wir geredet haben, weiß ich noch, dass ich mich von ihm verstanden fühlte. Das erste Mal in meinem Leben hatte ich das Gefühl, jemand könne meine etwas verdrehte Weltwahrnehmung nachvollziehen.

Er war ruhiger geworden und seine Stimme wesentlich männlicher, auch war er nicht mehr nur groß und dünn, sondern hatte breite Schultern bekommen und sogar leichten Bartwuchs.

Mit 18 traf ich Carsten dann noch einmal. Und auch dieses Mal war das Gespräch mit ihm überraschend bereichernd, sodass ich mich, als ich am nächsten Tag meinem Freund gegenübersaß, wie auf Entzug fühlte. Mein Verlangen, in Carstens Nähe zu sein, stieg. Ich gab dem nach und wir verabredeten uns oft miteinander. Schon bald hielt ich es nicht mehr mit meinem Freund aus. Dieser Mann, der nie mit mir ausgehen wollte, nicht mehr mit mir schlafen wollte, der in dem Jahr, das wir bis dahin miteinander verbracht hatten, nicht mal halb so weit zu mir hatte durchdringen können wie Carsten bereits nach ein paar Treffen.

Ich fiel in Carstens Arme. Er war begeistert, ich war unsicher. Unsicher, ob das das Richtige für mich sei, unsicher, ob ich das wirklich wollte. Und jeder, der mich kannte, bestätigte mich in meiner Unsicherheit. Niemand konnte Carsten wirklich leiden. Niemand konnte in Carsten das sehen, was ich sah. Das verunsicherte mich umso mehr, doch war ich nicht von ihm wegzubekommen.

So verfing ich mich in einem Doppelleben, in dem zu wenig Zeit für mich selbst übrig blieb. Meine Freunde und meine Familie verstanden sich nicht mit Carsten und umgekehrt – sie waren einfach zu unterschiedlich. Mein öffentliches Leben galt meinen Freunden und meiner Familie, mit Carsten hingegen konnte man mich nur sehr selten antreffen, außer man kam durch Zufall nach Mitternacht bei McDonald's vorbei. Dieses Doppelleben

Bald darauf fiel im Streit: »Männer regieren die Welt« und nicht viel später erklärte mir Carsten, dass ich, sobald er und ich zusammenzögen, die typische Frauenrolle übernehmen sollte.

schlauchte mich, ich wusste nicht, wo ich hingehörte, fühlte mich – egal wo ich mich gerade befand – fehl am Platz. Und Carsten war mir nicht gerade eine große Hilfe dabei, das zu ändern. Meine Freunde lästerten über ihn, er lästerte über sie.

Und wer durfte sich das alles anhören und wusste nicht, für wen er Partei ergreifen sollte?

Ich bin einfach kein Konfliktmensch oder zumindest keiner, der gut mit Konflikten leben kann. Ausfechten kann ich sie zwar, doch ich verzeihe sehr schnell und bin nicht nachtragend. Ist mir zu anstrengend und unangenehm noch dazu.

Also befand ich mich drei Jahre lang in einer immerwährenden Konfliktsituation, deren Dreh- und Angelpunkt ich selbst war. Es war grauenhaft. Eifersucht gab es von beiden Seiten, nur war die von Carsten aggressiver und durchdringender. Er betonte, dass er mir vertraue, meinen Freunden aber nicht. Er unterstellte meinem besten Freund regelmäßig, dass er insgeheim auf mich stände, und er rollte schon mit den Augen, wenn mein Handy seinen Klingelton spielte.

Und ich? Musste mich immer zurücknehmen. Musste immer verteidigen. Wurde müde. Gestresst. Stritt mich mehr und mehr. Mit beiden Fronten.

Meine Unsicherheit Carsten gegenüber nahm nicht ab, sie nahm zu. Ich wollte Carsten nicht loslassen und doch wollte ich rausgehen und mein Leben genießen, ohne eine Eifersuchtsattacke nach der nächsten abwehren zu müssen. Als ich mit dem Studium begann, gab es immer neue Anlässe für Carsten, sich aufzuregen: zum Beispiel über meine neuen Kommilitonen. Er war in allen möglichen Situationen eifersüchtig. Wenn ich mit ihnen lernte, wenn ich mit ihnen zur Uni fuhr oder wenn ich mit ihnen feiern wollte. Doch obwohl ich immer mehr Stress mit Carsten bekam, setzte ich meinen Willen zur Freiheit durch. Aber sobald ich mich durchgesetzt hatte, überfiel mich auch schon das schlechte Gewissen.

Eines Abends kam es dann zu der Situation, zu der es früher oder später kommen musste. Carsten hatte mich von meinem Kellnerjob abgeholt. Es war spät, doch mein Magen knurrte noch, also fuhr er mich zu McDonald's, wo ich Burger und eine

Cola bestellte. Auf dem Rückweg stritten wir uns. Es ging darum, dass er mir wie selbstverständlich und mit einem Lächeln auf den Lippen erzählt hatte, dass ihm ein Mädchen, das er kannte, an den Hintern gefasst hätte. Die Tatsache an sich hatte mich eigentlich nicht tangiert, denn Eifersucht war noch nie mein Ding gewesen. Doch ich witterte eine Chance, Carsten zu zeigen, was Eifersucht bedeuten konnte. Also fuhr ich die Krallen aus.

»Soso, die hat dir also an den Hintern gefasst. Und warum?«, fragte ich hörbar mies gelaunt. Damit hatte Carsten nicht gerechnet.

»Wenn meine Freunde zu Besuch sind, dann kann ich nicht den Tisch abräumen. Ich hab ja schließlich Gäste, das musst du dann machen.«

»Ähm, ja, das weiß ich gar nicht«, erwiderte er unsicher.

»Und was sollte das bitte? Was hat die dir denn an den Arsch zu fassen?« Ich stichelte, ich stellte ihn bloß, ich beschimpfte das Mädchen, das ich gar nicht kannte, und dann ihn. Als er wortlos und entsetzt kapitulierte, löste ich die Situation auf.

»Siehst du jetzt, wie das ist, wenn jemand so heftig eifersüchtig ist? Siehst du jetzt, wie unangenehm das sein kann?«

Nein, das sah er nicht. Er wollte es auch gar nicht verstehen. Irgendwann hatte ich genug, ich war müde und wollte ins Bett. Mit den Worten »Danke, dass du mich abgeholt hast!« stieg ich aus dem Wagen. Ich bog gerade in die Hofeinfahrt ein, als mich Spritzer trafen. Kurz darauf klatschte der Pappbecher mit Carstens Cola knapp neben mir auf den Boden. Entsetzt blieb ich stehen, schaute auf den Boden und drehte mich zu Carsten um.

»Du bist doch völlig verrückt! Du hast wirklich die Cola nach mir geworfen?«, schrie ich ihn an, als ich meine Stimme wiedergefunden hatte. Carsten bemerkte sofort, dass die Situation gerade kippte. Er lief mir hinterher, doch ich war völlig hysterisch und schrie, bis die Nachbarn aus den Fenstern schauten. Bis heute weiß ich nicht, ob er mich damals wirklich physisch treffen wollte. Psychisch hatte er es geschafft. Ich wollte ihn nicht mehr sehen.

Carsten schrieb Briefe, er schrieb SMS, er backte einen Kuchen, er wollte unbedingt, dass wir darüber sprachen. Er beteuerte, dass er mich mit der Cola nicht hatte treffen wollen. Er weinte. Eine Woche lang. Dann gab ich nach und wir trafen uns wieder.

Meine Freunde hackten auf mir herum.

»Siehst du? Wir haben's dir gesagt! Das willst du dir doch nicht wieder geben, das Theater mit dem!?«

Doch, das wollte ich, ich war noch nicht so weit, das Kapitel Carsten endgültig abzuschließen.

Ein paar Monate lief es gut zwischen uns, doch Menschen ändern sich. Vor allem, wenn sie gerade dabei sind, erwachsen zu werden. Carsten verwandelte sich in einen Menschen, den ich nicht kannte. Immer öfter war er mit seinen Eltern einer Meinung. Dabei waren die für uns früher mal die höchste Instanz des Bösen gewesen. Bald kämpfte ich an einer Front, an der ich nur verlieren konnte: Carsten übernahm die konservativen Sichtweisen seiner Eltern. Weil meine Eltern schließlich getrennt waren, hätte ich natürlich »keine Ahnung davon, was eine richtige Familie« sei. Bald darauf fiel im Streit: »Männer regieren die Welt« und nicht viel später erklärte mir Carsten, dass ich, sobald er und ich zusammenzögen, die typische Frauenrolle übernehmen sollte. (»Wenn meine Freunde zu Besuch sind, dann kann ich nicht den Tisch abräumen. Ich hab ja schließlich Gäste, das musst du dann machen.«)

Ich bin so gut wie ohne Vater aufgewachsen. Meine Mutter kann alles alleine, sie hat nie einen Mann für irgendetwas gebraucht. Und genauso bin auch ich erzogen worden. Und Carsten schlug immer wieder in diese Kerbe, mit einer Zielsicherheit, die mir den Verstand raubte. Wie konnte er nur so mit mir sprechen? Gerade er, dem ich vertraute, hätte es doch besser wissen müssen.

Wir redeten darüber und zerredeten das Thema. Irgendwann verlangte Carsten von mir, dass ich, direkt nachdem ich das Haus seiner Eltern betreten hatte, den Weg in die Küche antreten sollte, um seine Mutter zu fragen, ob ich ihr helfen könne. Ich weigerte mich strikt und versuchte, Carsten immer wieder bewusst zu machen, dass er mich nicht in diese Rolle zwingen konnte.

»Natalie: Und wenn ich fünf Jobs annehmen muss, du wirst niemals mehr verdienen als ich.«

Doch es war nicht alles schlecht mit Carsten. Solche Situationen waren in unserem Alltag verstreut. Sobald wir uns über unsere Krisenthemen ausschwiegen, war alles schön und gut. Doch unsere Beziehung erschien mir mittlerweile wie eine Aneinanderreihung von Minenfeldern.

Irgendwann war ich an einen Punkt gekommen, an dem mein Verstand über meine Gefühle siegte. Ich erkannte langsam und schmerzhaft, dass Carsten mich nie wieder glücklich machen konnte, dass er mich nie wieder verstehen würde. Wir lebten in verschiedenen Welten, die nicht mehr miteinander zu vereinen waren, ohne dass einer von uns seine Einstellung und Lebensweise unterdrücken musste. Mit seinen Worten »Du bist immer noch nicht so, wie du sein solltest« im Ohr beendete ich schweren Herzens die Beziehung zu ihm und ging einem neuen besseren Leben entgegen. Was uns nicht umbringt, macht uns schließlich härter.

15

Irgendwann ist auch mal Schluss mit Spielen

David (23), Coach, Frankfurt am Main,
über
Sina (21), Arzthelferin, Frankfurt am Main

On-off-Beziehungen. Jedem sind sie bekannt. Entweder man selbst hatte schon mal eine oder ein Freund. Doch egal wie viele On-off-Beziehungen man schon miterlebt hat: Die Geschichte von dieser hier ist garantiert die krasseste.

Als ich Sina kennenlernte, wusste ich: Das ist meine Traumfrau. Eine zierliche brünette, rassige Frau. Es war in einer Diskothek. Ich trotzte der Menge, die sich um sie herum gebildet hatte, und sprach sie an. Ich erinnere mich noch heute so gut daran, wie sie mich damals ansah. Dieser Blick hatte mich umgehauen und fast stammeln lassen, obwohl ich eigentlich ein selbstsicherer Typ bin. Sina und ich tauschten Nummern trotz der Tatsache, dass sie gerade mitten in einer Beziehung war. Damals dachte ich, ich als Person, mein Aussehen und mein Charakter wären dafür der Grund gewesen, dass ihr ihre Beziehung egal war. Ich dachte, auch sie hätte unseren Liebe-auf-den-ersten-Blick-Moment genossen.

Aber Sina wollte nur spielen.

Das erste Mal nach dem Abend in der Diskothek traf ich Sina nur durch Zufall wieder. Sie war auf der gleichen Hausparty gelandet wie ich. Ich pirschte mich an sie heran und sprach fast den ganzen Abend mit ihr. So lernte ich dieses wundervolle Mädchen besser kennen und wenn ich mich vorher nicht schon in sie verguckt hatte, dann war es spätestens jetzt um mich geschehen.

Nach dieser zufälligen Begegnung ließ Sina sich auch auf geplante Treffen mit mir ein. Mit jedem Mal wurde ich verrückter nach ihr. Und mir schien, auch sie verliebte sich immer mehr in mich. Es dauerte nicht lange und sie schoss ihren damaligen Freund für mich ab. Ich hätte nicht glücklicher sein können.

Doch Beständigkeit war nicht Sinas Ding. Es war eher ihre Art, Beziehungen zu konsumieren, statt zu pflegen. Lange hielt Sina es nicht mit mir aus. Sie machte Schluss. Begründung? Sie liebe ihren Exfreund noch. Also kehrte sie zu ihm zurück, um kurz darauf zu mir zurückzukehren. Und damit begann ihr böses Spiel, welches sie über Jahre hinweg mit mir trieb.

Anfangs machte Sina Schluss, um mit anderen Männern zu schlafen. Das erste Mal, nachdem sie mich betrogen hatte, beichtete sie mir das Ereignis noch tränenreich. Irgendwann hinterging sie mich nur noch, log mich an und spielte mir eine heile Welt vor.

Ich war dermaßen verliebt in diese Frau, dass ich sie so nahm, wie sie war. Wenn sie ging, ließ ich sie schweren Herzens gehen, und wenn sie zurückkommen wollte, standen meine Türen immer offen für sie.

Nachdem Sina dieses Spiel des Öfteren gespielt hatte, stellte ich für meine Freunde zwei Regeln auf. Sina war nun mal wunderschön und ich konnte meine Jungs nicht daran hindern, das genauso zu sehen. Die erste Regel war, dass sie mir sofort davon berichten sollten, wenn sie etwas mit ihr hatten. Die zweite Regel war, dass sie dafür einen Ort aufsuchen sollten, an dem sie mich auf gar keinen Fall antreffen würden. Ich wollte das Ganze nicht auch noch mit ansehen müssen.

Irgendwann entdeckte ich in einem sozialen Netzwerk ein Foto von Sina gemeinsam mit einem meiner Freunde. Ich schaute es an. Sina hatte ihren Kopf auf die Schulter des Freundes gelegt. Harmlos eigentlich. Und doch war mir sofort klar, dass die beiden etwas miteinander gehabt haben mussten. Ihr Blick hatte dieses Ketzerische, Herausfordernde, was ihre Gedanken verriet. Ich recherchierte und deckte das Ganze auf. Der Freund wurde zum Feind.

Und so erreichte Sina eine neue Ebene: Sie machte jetzt nicht mehr nur mich, sondern auch meine Freundschaften kaputt. Solche Selbstgeißelungsdramen kann man sich eine Zeit lang antun. Man kann sich alles einreden und schönreden. Auch alles, was nicht schön ist, alles, was einem nicht guttut, alles, was einen kaputt macht, kann man ertragen, solange man selbst glaubt, man sei auf dem richtigen Weg. Irgendwann wurde mir aber bewusst, dass das einzig Negative in meinem Leben Sina war. Sie war die Einzige, die mich treffen und runterziehen konnte. Abgesehen davon hatte ich alles ziemlich gut im Griff.

Beständigkeit war nicht Sinas Ding. Es war eher ihre Art, Beziehungen zu konsumieren, statt zu pflegen.

Die Gewissheit um meine ausweglose Situation mit Sina kam nicht wie eine Erleuchtung über Nacht. Sie schlich sich langsam in mein Leben. Ich begann, die Hoffnung auf eine erfüllte Beziehung mit diesem Mädchen aufzugeben, ich nahm Sina nicht mehr nur noch hin, wie sie war, ich stumpfte regelrecht ab, was sie betraf. Ich fing an, sie zu hinterfragen. Mit der Zeit entwickelte sich Sina für mich zu einem offenen Buch und dieses Wissen machte mich gelassen. Ich konnte sie durchschauen und war ihr damit einen Schritt voraus. So war es Sina nicht mehr möglich, mir wehzutun, sie verlor ihre Waffe in unserer Beziehung, die man fast mit einem Kampf vergleichen konnte.

Ihr Handeln wurde planbar für mich. Und das legte ich ihr bald offen vor, indem ich voraussagte, was sie dachte, was sie tun würde, was sie vorhatte. Auf einmal wurde Sina ganz zahm und ruhig. Ich hatte die Löwin in ein Kätzchen mit einer Schnur um den Hals verwandelt, deren Ende ich in meiner Hand hielt.

Nicht zu fassen, dass ich die Frau, die ich liebte, erst bloßstellen musste, sie geradezu unterwerfen musste, damit sie nicht mehr fremdging und mich nicht noch einmal verließ. Doch das änderte nichts mehr. Ich stehe nicht auf hörige Frauen, die machen, was ich will. Ich hatte mich in den letzten Wochen und Monaten schon zu weit von ihr entfernt. Sie wurde für mich mehr und mehr zum Spielzeug. Ich zog sie wie eine Puppe auf: ließ sie meine Wohnung putzen, ließ sie kommen, wann ich Lust hatte, und schickte sie nach Hause, wenn sie mir auf die Nerven ging.

Ich ging wieder häufiger in Clubs, ich sah wieder andere Frauen an. Ich bekam immer mehr Lust darauf, Single zu sein, um machen zu können, was ich wollte.

Zu meinem Geburtstag hatte sich Sina etwas Besonderes einfallen lassen, worauf wir beide schon lange Lust hatten: Sie schenkte mir eine Peitsche. Die ganze Nacht lang hatten wir geilen, versauten Sex, das Klatschen der Peitsche plus ihre Schreie vor Lust und Schmerz habe ich noch heute erregend klar in den Ohren.

Ich weiß nicht, was mich am nächsten Morgen störte. Auf einmal wusste ich: Das geht nicht mehr so weiter. Mit meiner Entscheidung, die Beziehung zu beenden, stieß ich Sina hart vor ihr schönes Köpfchen. Sie hätte an diesem Morgen sicher mit allem gerechnet, nur nicht damit. Für mich dagegen war es ein Leichtes. In meinen Gedanken hatte ich schon häufiger mit ihr Schluss gemacht, es dann aber doch nicht getan, weil sie nützlich war, was meinen Haushalt und meine sexuellen Bedürfnisse betraf. Doch an diesem Morgen war sie mir zu viel geworden. Ich wollte andere Frauen flachlegen. Und den schwarzen Fleck namens Sina auf meiner weißen Weste loswerden.

Komplett aufgeben wollte ich Sina und den Sex mit ihr jedoch nicht. Also hielt ich Kontakt mit ihr, um nach Lust und Laune mit ihr schlafen zu können. Eine Weile lief dieses System gut. Doch ein Leben hat nicht nur Höhen, es hat auch Tiefen. Es hat Tiefen, die einem bewusst machen, wie einsam man doch ist, egal wie viele Freunde man hat, egal wie gut man sich mit seiner Familie versteht. Jeder ist irgendwann mal einsam. Auch ich. Und dann hatte ich die bescheuerte Idee, Sina könnte diese Lücke füllen. Damals schien es mir nicht ganz abwegig zu sein: Sie kannte mich lange und gut. Sie stand mir näher als jeder andere Mensch.

Nicht zu fassen, dass ich die Frau, die ich liebte, erst bloßstellen musste, sie geradezu unterwerfen musste, damit sie nicht mehr fremdging und mich nicht noch einmal verließ.

In der Trennungszeit kann es einem monatelang gut gehen und doch wird es Phasen geben, in denen man sich einredet, dass die Exbeziehung super war. Es wird Phasen geben, in denen man denkt, man könnte von vorne anfangen und alles besser machen.

In solch einer Phase ließ ich mich wieder auf Sina ein. Doch es sollte nicht lange dauern, bis ich dafür meinen Arschtritt kassierte.

An einem Samstag war ich mit meinen Jungs unterwegs gewesen, deshalb lag ich am Sonntag noch lange in den Federn. Es war Ostern und ich war zu Gast in meinem Elternhaus. Der Hunger trieb mich aus dem Schlafzimmer, ich schlurfte durchs Haus in die Küche, in der mein Bruder saß.

»Hier waren zwei Typen, die wollten dich sprechen. Der eine hat seine Nummer hiergelassen. Sollst dich bei ihm melden«, entgegnete mein Bruder, während er mir einen Zettel mit einer Nummer auf dem Küchentisch zuschob.

Meine Stirn legte sich in Falten. Ich ahnte nichts Gutes. Sonntags? Zwei Kerle? In meinem Elternhaus? Ich wählte die Nummer. Meldete mich, als abgenommen wurde, mit meinem Namen.

»Du bist David? Der Freund von Sina?«, fragte mich die männliche, testosterongeladene Stimme.

»Ja, das stimmt«, antwortete ich energisch.

»Gut, das bist du ab heute nicht mehr. Sina ist nun meine Freundin. Lass sie ab jetzt in Ruhe. Sobald du ihr zu nahe kommst, komm ich dir näher.«

Jetzt wurde es mir zu bunt. Dieser Typ drohte mir? Mir?

Ich hielt mich nicht von Sina fern. Im Gegenteil. Ich überredete sie immer und immer wieder dazu, mit mir zu schlafen. Dafür war Sina natürlich erwartungskonform jederzeit zu haben. Doch auf eine Beziehung ließ ich mich nie wieder mit ihr ein.

Irgendwann ist auch mal Schluss mit Spielen.

16

Ich will jetzt nicht
darüber reden

Indra (23), Studentin, Frankfurt am Main,
über
Eric (25), Gemüsehändler, Bremen

Ihr hättet Eric mal sehen sollen. Damals, bevor wir ein Paar wurden: groß, rüpelhaft, unansehnlich. So begegnete er mir auf einem Weinfest. Der Freund meiner Schwester stellte ihn als Arbeitskollegen vor und ich stempelte ihn sofort ab. Nicht mein Ding. Komplett. Von unten nach oben. Äußerlich wie charakterlich.

Doch Eric war zäh und er hatte sich in den Kopf gesetzt, mich zu erobern. Das würde ich ihm nicht nur nicht leicht, sondern so schwer wie möglich machen. Über ein Jahr ließ ich ihn hinter mir her rennen.

Das Rennen veränderte ihn. Vielleicht veränderte das Rennen ihn auch nur für mich. Er investierte enorm viel Zeit, um mich von sich zu überzeugen. Egal wie oft ich ihn wegschubste, er gab nicht auf. So verwandelte sich Eric von dem großen Rüpel langsam in einen charmanten Teddy, der immer für mich da war.

Am Anfang wunderte ich mich noch über diese Metamorphose, doch mit der Zeit wurde mir bewusst, dass ich mich auf ihn verlassen konnte. Zugegeben hätte ich das nie. Aber meine Einstellung zu ihm begann langsam zu schwanken und immer öfter musste ich mir eingestehen, dass ich ihn wirklich mochte.

Dann kam der Abend meines ersten Alkoholabsturzes. Meine Freunde hatten die Party bereits verlassen, während ich über der Schüssel hing und mir alles Gegessene und Getrunkene noch mal durch den Kopf gehen ließ. Eric saß neben mir, hielt mir die Hand, die Haare aus dem Gesicht, nahm mich in den Arm, tröstete mich. Als es mir etwas besser ging, packte er mich in meine Jacke und brachte mich nach Hause. Ohne große Worte, er war einfach da, nickte wissend und strich mir über die Haare.

Eric wandelte sich zu einer Art strengem Vater, der bei jedem Verstoß gegen seine Regeln den Zeigefinger mahnend in die Luft hielt, und ich fügte mich in meine Rolle, wurde zum hörigen Mädchen, das alles für ihn gegeben hätte.

Dieser Abend brachte die Wende in Erics (ihm wahrscheinlich endlos erscheinenden) Kampf um meine Gunst. Zwar zögerlich, doch einen Schritt nach dem anderen ging ich auf ihn zu und unsere fünf Jahre andauernde Beziehung begann.

Die ersten beiden Jahre liefen hervorragend. Wir sahen uns fast täglich, harmonierten, wuchsen prächtig zusammen, festigten unsere Beziehung und gossen so ein starkes Fundament, das einiges aushalten konnte. Er wurde Teil meines Freundeskreises und wie selbstverständlich dafür eingeplant, zweieinhalb Jahre mit uns nach Australien zu kommen. Meine beiden Schwestern mit ihren Freunden sowie ich und Eric bezogen gemeinsam ein Haus, schauten uns das Land an, arbeiteten, lebten zusammen.

In Australien bemerkte ich zum ersten Mal, dass Eric sich veränderte. Immer öfter hielt er an starren Prinzipien fest und stellte mich bei Verstößen regelmäßig an die Wand. Eine meiner Angewohnheiten war ihm besonders ein Dorn im Auge: Ich bin unpünktlich. Zwanghaft. Ich kann früh genug aufstehen, sodass sich in der verfügbaren Zeit eine komplette Familie abfahrbereit machen könnte, und bin trotzdem unpünktlich. In Australien kam diese Schwäche häufiger zum Vorschein. Wollten wir zusammen einen Ausflug machen, kam ich nicht aus dem Bett, brauchte dann ewig zum Koffer- oder Taschepacken und war immer der Grund, warum sich unsere Abfahrt verzögerte.

Erics Ärger über dieses Verhalten wuchs und wuchs. Mit jedem weiteren Mal ließ er sich lauter darüber aus, meckerte an mir herum und schüttelte den Kopf. Pünktlich sein sei eine Frage der Disziplin, die ich nicht in der Lage sei aufzubringen.

Weil mir Eric enorm viel bedeutete, dachte ich über mich nach. Und ich kam zu dem Ergebnis: Ja, Eric hatte wohl recht. Es war anscheinend für ihn dermaßen unerträglich, dass ich immer unpünktlich war, dass es ihn immer wieder aufregte. Um dem ständigen Streit aus dem Weg zu gehen, versuchte ich, an mir zu arbeiten. Ich gab alles, um pünktlicher zu werden, und oft war ich es sogar. Doch anstatt diese positive Änderung zu quittieren oder wenigstens zu bemerken, tat Eric so, als sei es eine Selbstverständlichkeit, dass ich mich bemühte. Und war ich nicht pünktlich, regte er sich wieder maßlos über mich auf. Einige Male ließ ich mir dieses Spiel gefallen, bis ich mich dann doch beschwerte.

»Kann es sein, dass du nicht mal bemerkst, dass ich in letzter Zeit sehr um Pünktlichkeit bemüht war?«

»Soll ich dir dafür jetzt einen Orden verleihen, oder was? Es sollte selbstverständlich sein, dass du pünktlich bist, und eine Ausnahme bleiben, unpünktlich zu sein, nicht umgekehrt.«

»Siehst du denn gar nicht, dass es mir schwerfällt? Du musst meine Bemühungen anerkennen, sonst weiß ich nicht, wo ich noch die Motivation hernehmen soll.«

Es änderte sich nichts, er meckerte, ich resignierte.

Eric wandelte sich zu einer Art strengem Vater, der bei jedem Verstoß gegen seine Regeln den Zeigefinger mahnend in die Luft hielt, und ich fügte mich in meine Rolle, wurde zum hörigen Mädchen, das alles für ihn gegeben hätte. Doch nichts reichte ihm.

Gegen Ende unseres Aufenthalts in Australien erreichte Eric ein Anruf seiner Eltern, die ihm mitteilten, dass sie sich scheiden lassen wollten. Die Bombe platzte nicht, sie implodierte irgendwo in ihm, fernab von mir und den anderen. Er ließ niemanden an sich heran, verbrachte beinahe zwei komplette Tage im Pool, aufgequollen und leidend.

Ich muss zugeben, ich wusste nicht, wie ich mich verhalten sollte. Ihm auf die Pelle rücken und ihn zwingen, darüber zu reden? Ihn in Ruhe lassen und darauf warten, dass er von selbst redete?

Ich entschied mich für die zweite Variante. Natürlich sprach Eric nie mit mir darüber. Aber es schien, als ob er mit der Situation ganz gut umgehen konnte. Deshalb hakte ich nicht weiter nach.

Der Tag des Abschieds von Australien kam. Zu Hause hatten wir eine riesige Willkommensfeier geplant, auf der wir unsere Eltern wiedersehen würden und ihnen von allem, was wir erlebt hatten, erzählen konnten. Erics Eltern sagten als Einzige ab. Sie empfanden die eigene Situation als nicht feierwürdig. So stand Eric auf der Party alleine da. Dabei hatte er nur von sich erzählen und für einen Moment die Situation seiner Eltern in den Hintergrund schieben wollen.

In den ersten Wochen, nachdem wir zurückgekehrt waren, spaltete sich Eric von mir ab. Er begann, alles andere mir vorzuziehen. Ich wollte verständnisvoll sein und ließ mich immer häufiger zurückstellen. Ein Abend mit seinen Freunden? Okay, kein Problem. Diese und jene Feier? Ja, klar, mach du nur, viel Spaß!

Doch irgendwann fühlte ich mich, als würde ich Eric gar nicht mehr zu Gesicht bekommen. Wie nach einem Busfahrplan hatte ich mich danach zu richten, was er machte, was er vorhatte, wohin er wollte, und musste mich in die Lücken zwischen seinen Terminen quetschen. Immer öfter lag mir auf der Zunge: »Hallo? Wir sind zusammen?!«, doch ich schluckte es meistens runter.

Trotz der Veränderung in unserer Beziehung war ich mir sicher, dass ich mit ihm zusammenziehen wollte. Ich wollte es mit ihm versuchen, es riskieren und diese wichtige Erfahrung mit ihm machen. Nur über den Ort war noch zu entscheiden. Bei meinem Studium entschied ich mich für eine duale Variante. Arbeiten und studieren. Doch nicht jede Stadt bietet solch ein Programm an. So waren schlussendlich Hamburg und Frankfurt im Rennen. Eric wollte gern nach Hamburg, ich gern nach Frankfurt. Seine Position machte Eric nicht nur direkt, sondern auch unterschwellig klar. Zu Bewerbungsgesprächen nach Hamburg begleitete er mich, nach Frankfurt nur ein einziges Mal. Es war, als drückte er die Daumen dafür, dass ich keine Stelle in Frankfurt bekäme. Irgendwann hatte ich die Zusage für ein Unternehmen in Hamburg und wir begannen zu planen. Doch eine Woche, bevor das Studium starten sollte, sagte mir die Firma ab und ich stand ohne Unternehmen da.

Wie durch ein Wunder bekam ich innerhalb einer Woche noch eine Stelle in Frankfurt. Ich freute mich riesig darüber. Eric nicht mal mäßig. Er wurde komisch und fing an, mir die Sache madig zu machen. Innerhalb von drei Tagen zog ich nach Frankfurt. Meine Schwester wohnte dort bereits und konnte mich aufnehmen. Doch Eric war nicht mitgekommen. Fadenscheinige Ausreden hatten ihn davon abgehalten. Erst ein paar Wochen später kam er nach. Aber er wurde dort nicht glücklich. Frankfurt erfüllte ihn nicht. Zwar sagte er immer, es würde nicht an Frankfurt liegen und er hätte begonnen, die Stadt zu mögen, doch ich kaufte ihm das nicht wirklich ab.

Auf einer Party, zu der meine Schwester uns eingeladen hatte, ließ ich mich sogar dazu hinreißen, ihm meine Meinung zu unserer Beziehung – wenn auch im Spaß – zu sagen.

»Ach Eric«, sagte ich. »Ich weiß doch, dass du mich nicht mehr so magst.« An diesem Abend ging er auf meine Feststellung gar nicht erst ein, sondern tat sie als völligen Quatsch ab.

Wir tingelten von Wohnungsbesichtigung zu Wohnungsbesichtigung. Und irgendwann fanden wir die perfekte Wohnung und bekamen sie sogar. Der Vermieter war begeistert von Eric und mir und verabschiedete uns mit den Worten: »Ich mache euch die Klingelschilder schon mal dran.« Es hätte nicht besser laufen können.

Ich war so überglücklich, ich hätte die Welt umarmen können. Eric dagegen trottete nur wortlos neben mir her.

»Was hast du denn?«, fragte ich ihn.

»Ich will jetzt nicht darüber reden.«

Doch ich wusste, was ihn beschäftigte.

»Du denkst über die Worte nach, die ich dir auf der Party gesagt habe, stimmt's?«

Zerknittert gab er zu: »Ja, das tue ich. Anfangs dachte ich, es sei totaler Mist, doch irgendwie fällt mir auf, dass du recht hast. Zwischen uns hat sich etwas verändert.«

Eric reiste ab und ließ mich in Frankfurt zurück. Zum Unterschreiben des Mietvertrags am nächsten Tag tauchte keiner von uns beiden auf.

17

Heute spricht sie
kein Wort mehr mit mir

Thomas (41), Fitnesstrainer, Berlin,
über
Lili (29), Sekretärin, Berlin

Gerade einmal vier Jahre war ich verheiratet, als es passierte. Vier glückliche Jahre. Ich liebte meine Frau so unendlich. Sie war das hübscheste Wesen, das mir jemals begegnet war, ihr Charakter so makellos geschliffen.

Doch anstatt sie zu ehren, machte ich unsere Ehe kaputt, bis sie nur noch ein Scherbenhaufen war. Alles fing damit an, dass sich ein hübsches siebzehnjähriges Mädchen in dem Fitnessstudio anmeldete, in dem ich arbeitete. Sie hieß Lili. Lili kam jeden Tag. Jeden verdammten Tag ging die Tür auf und dieses unschuldige Mädchen mit den blonden Haaren betrat das Studio.

Sie setzte sich an die Geräte und begann, an sich zu arbeiten, zu schwitzen und dabei unglaublich gut auszusehen. Jeden verdammten Tag setzte man mir dieses Mädchen vor die Nase. Erst fand ich sie nur süß. Wir sprachen immer mal wieder miteinander, anfangs fachlich, dann persönlich. Die Gespräche wurden länger, die Blicke intensiver. Alles Hirngespinst, sagte ich mir. Es konnte nicht sein, dass ein siebzehnjähriges Mädchen mich mit meinen damals 28 Jahren so schamlos anbaggerte. Doch sie tat es. Jeden Tag.

Nicht zu wissen, wie sie wirklich zu mir stand, beherrschte meinen Kopf. Auch als ich ihr halbherzig meine Nummer zusteckte. Sie würde sich sowieso nicht melden, dessen war ich mir sicher.

Ich übergab ihr den Zettel während eines Händedrucks. Allein ihr Blick beim Berühren des Papiers reichte, um zu wissen, dass sie es doch tun würde. Am gleichen Abend erhielt ich eine SMS von ihr.

Ich konnte es nicht fassen. Sicher fünf Minuten starrte ich auf ihre Nachricht und war nicht in der Lage, klar zu denken. Das Rad in meinem Kopf stockte, jemand hatte mir Kleber in die Speichen geschüttet. Dieses Mädchen war minderjährig. Und ich war verdammt noch mal verheiratet. Mit einer wundervollen Frau.

Egal wie sehr ich auch versuchte, mir selbst ins Gewissen zu reden, der tägliche Anblick von Lili war stärker.

Sie wurde 18 und es dauerte nicht lange, bis ich das erste Mal mit ihr schlief. Ein Ausrutscher, ganz bestimmt, besänftigte ich mich. Doch es passierte immer und immer wieder.

So kamen Lili und ich zu einer Bilanz von sechs Jahren Affäre: sechs Jahre Versteckspiel, sechs Jahre Sex im Auto oder in abgelegenen Hotels. Während dieser sechs Jahre war meine Frau schwanger geworden.

»Lili, jetzt müssen wir wirklich aufhören, uns zu treffen, ich werde Vater.«

Selbst als das Kind auf die Welt kam, war ich nicht in der Lage, das mit Lili sein zu lassen. Der Sex mit ihr war um Längen besser als der mit meiner Frau. Ich konnte alles von Lili verlangen und nichts, was ich von ihr wollte, schlug sie mir ab. Niemals. Nicht ein Mal in sechs Jahren.

In den letzten beiden Jahren meiner Ehe schlief ich nicht mehr mit meiner Frau. Kein einziges Mal. Doch ich kam trotzdem auf meine Kosten, weil Lili diese bediente. Aber auch Lili war ich nicht treu. Es gab noch einige Frauen, die meine unersättliche Lust befriedigten.

Nach zehn Jahren Ehe, in denen ich sechs Jahre hauptsächlich mit Lili fremdgegangen war, kam das unumgängliche Aus. Meine Frau und ich trennten uns. Diesen Tag hatte Lili von Anfang an herbeigesehnt. Endlich würde sie mit mir eine normale Beziehung haben können und sich nicht mehr verstecken müssen. Endlich konnte sie ihren Freundinnen ganz offen von mir erzählen.

Das muss ein wahnsinnig toller Moment für Lili gewesen sein, als in meiner Ehe der Vorhang fiel. Dabei wollte ich gar nicht, dass sich etwas änderte. Ich wollte gar nicht von meiner Ehe in eine Beziehung mit Lili hüpfen. Ich wollte frei sein und das auch genießen. Ich wollte meine eigene Wohnung mit meinen eigenen Regeln. Nach Hause kommen und wegbleiben, wie ich lustig war. Ich wollte Frauen zu mir einladen können, die dann aber am nächsten Morgen wieder gehen müssten. Ich wollte mein Leben leben, ohne Anhängsel.

Als ich dann aber Lili traf und das Strahlen in ihren Augen sah, war ich unfähig, ihr von meinem Plan zu erzählen. Damit würde ich ihr Herz brechen, sagte ich mir.

Ganze sechs Jahre ihres Lebens hatte sie keinen anderen Mann gehabt als mich – und selbst mich nicht einmal richtig. Sobald ich mitbekommen hatte, dass es da vielleicht noch einen anderen gab, hatte ich immer einen Riesen-aufstand gemacht. Das war schließlich meine Lili, kein anderer durfte mir diese Frau wegnehmen. Darauf hatte ich aufgepasst.

Der Sex mit ihr war um Längen besser als der mit meiner Frau. Ich konnte alles von Lili verlangen und nichts, was ich von ihr wollte, schlug sie mir ab.

Ich schaute mir ihre SMS an, wenn Lilis Handy unbeobachtet herumgelegen hatte. Ich achtete auf jedes Wort, das sie verlauten ließ. Sobald es um andere Männer ging, spitzte ich die Ohren und roch den Braten sofort. Einmal erwischte ich sogar einen bei ihr in der Wohnung. Ein riesiger Kerl, der so groß wie durchtrainiert war. Doch das passende Selbstbewusstsein hatte er wohl zu Hause vergessen. Als ich schon schreiend in die Wohnung kam und auch erst mal nicht damit aufhörte, sagte er nach einer Weile: »Ich geh lieber mal, ihr entschuldigt mich« und verschwand ganz leise und schnell von der Bildfläche. Nein, nein, einen anderen Mann an Lilis Seite konnte ich nicht dulden. Ich wollte sie komplett für mich. Doch dass sie mich komplett besaß, das wollte ich nicht.

Trotzdem konnte ich mich nicht dagegen wehren und führte bald mit Lili eine Beziehung. Was hätte ich denn einer Frau sagen sollen, die fast ihre ganze Jugend nur mit mir zu tun gehabt hatte? Verlieren wollte ich Lili ja auch nicht. Also ließ ich mich halbherzig auf eine Beziehung mit ihr ein.

»Zusammenziehen? Wir beide?«, fragte ich entsetzt. Ich war so erschrocken, dass ich nicht einmal in der Lage war, dies zu verstecken.

Das lief auch alles ganz okay. Doch allein meine eigene Wohnung durchzusetzen war ein Kampf gegen Lili, die es am liebsten gehabt hätte, wenn ich sofort bei ihr eingezogen wäre.

»Lass uns zusammenziehen!«, forderte sie mich eines Abends freudestrahlend auf, als ich von der Arbeit kam.

»Zusammenziehen? Wir beide?«, fragte ich entsetzt. Ich war so erschrocken, dass ich nicht einmal in der Lage war, dies zu verstecken.

»Ja, genau, du und ich in einer Wohnung!«

Nach dem Klang ihrer Stimme zu urteilen hatte ihre Freude bereits abgenommen und wir stiegen in den Ring. Auf gar keinen Fall wollte ich mit Lili zusammenziehen. Endlich war ich frei. Das konnte ich nicht gleich wieder aufgeben.

»Stell dir vor, wir streiten uns. Dann muss ich meinen ganzen Kram wieder mitnehmen und wenn ich ehrlich bin, habe ich darauf keinen Bock.«

Ich gewann den Kampf und damit meine eigene Wohnung, in der ich allein sein und auch andere Mädchen flachlegen konnte, wann immer ich Lust hatte.

So hätte es ewig weitergehen können. Wäre Lili nicht irgendwann in den Sinn gekommen, mich heiraten und Kinder von mir zu wollen.

»Ähm, Lili, ist dir schon mal aufgefallen, dass ich gerade erst aus einer Ehe komme und bereits Kinder habe? Das Letzte, was ich jetzt will, ist heiraten und Kinder machen.«

Daraufhin schaute sie mich an und wiederholte diesmal eindringlicher: »Ich möchte heiraten und eine Familie mit dir gründen«, als sei ich taub oder schwer von Begriff.

»Noch einmal zum Mitschreiben: Ich möchte weder heiraten, noch Kinder kriegen. Diese beiden Kapitel habe ich abgeschlossen. Fertig.«

Doch damit war noch lange nichts fertig. Es fing erst an. Bei jeder sich bietenden Gelegenheit sagte Lili wieder, dass sie mich heiraten wolle.

»Ich habe sechs Jahre auf dich gewartet, sechs Jahre. Weißt du, wie lange das ist? In der Zeit hätte ich schon längst einen anderen finden können, der eine Familie mit mir gründen möchte. Du bist mir das schuldig.«

»Nein, Lili, ich bin dir das nicht schuldig, du bist aus freien Stücken bei mir geblieben, ich habe dich niemals festgehalten.« Daraufhin kamen ihr die Tränen und ich griff zu einem seichteren Ton. Warum wollte Lili nicht verstehen, dass ich mein Leben nicht ändern wollte? Warum begriff sie nicht, dass ich wollte, dass zwischen ihr und mir alles genauso weiterlief? So frei und unabhängig. Ich konnte auch nicht nachvollziehen, warum sie überhaupt so was wollte. Ich bin wirklich der letzte Mann, den man heiraten sollte. Die Diskussionen über eine gemeinsame Zukunft wurden heftiger und nahmen auch von der Frequenz zu. Immer wieder redeten wir darüber, immer wieder machte ich meinen Standpunkt klar, doch sie wollte diesen nicht akzeptieren.

Sie setzte mir die Pistole auf die Brust: »Wenn du keine Familie mit mir willst, dann geh!«

Und ich ging.

Doch dann rief sie mich heulend an und bettelte, ich solle zu ihr zurückkommen: »Ich kann nicht ohne dich leben, Thomas. Ich kann dich nicht gehen lassen. Ich weiß, das mit uns ist falsch, es war von Anfang an falsch, doch ich kann einfach nicht anders. Ich habe unfassbare Schmerzen, wenn du gehst. Mein ganzes Leben habe ich auf dich gesetzt. Ich habe weder gute Freunde noch irgendjemanden, der sich dafür interessiert, was mit mir passiert. Wenn du nicht zurückkommst, sehe ich in meinem Leben keinen Sinn mehr.«

Damit machte mir Lili wirklich Angst. Ich wollte, dass sie glücklich wurde, und nicht, dass sie sich umbrachte. Also kehrte ich zu ihr zurück, bis sie mich wieder rausschmiss und dann wieder drohte, sich umzubringen. Die Tour hatte ja schon beim ersten Mal gut geklappt.

Irgendwann wurde mir das Ganze zu bunt. Langsam musste ich mir eingestehen, dass ich Lili wohl nicht ewig festhalten konnte.

»Pass auf, Lili. Ich will keine weitere Familie, du schon. Ich verstehe auch, dass du das möchtest. Nur bin ich dafür nicht der richtige Mann. Ich möchte das alles nicht noch mal. Ich möchte nicht noch mal ein Kind, das mich nachts nicht schlafen lässt. Ich bin froh, dass meine Kinder aus dem Alter raus sind. Ich möchte nicht noch mal eine Ehe eingehen. Ich bin einfach nicht bereit, so einen großen Schritt mit dir zu machen. Ich werde dich ab heute nicht weiter davon abhalten, dass du jemanden findest, der all diese Dinge gern mit dir erleben möchte. Wir werden uns trennen und anfangen, verschiedene Wege zu gehen. Wir scheinen einfach nicht denselben Lebensplan zu haben. Unsere Ansichten lassen sich nicht vereinen.«

Nach zwei Monaten hörte sie endlich auf, mich anzurufen. Heute spricht sie kein Wort mehr mit mir.

18

Denk nicht, du könntest zurückkommen

Lars (37), Lektor, Köln,
über
Nele (38), freie Autorin, Berlin

Was passiert eigentlich mit gescheiterten Beziehungen im Zeitalter von Facebook und Co? Die heutige Generation hat es da ziemlich leicht. Sie ist mit sozialen Netzwerken groß geworden. Fast jeder hat heutzutage ein Profil irgendwo im Internet. Auch der Expartner. Und trennt man sich, verliert man sich vielleicht physisch aus den Augen. Doch im Internet existieren der Exfreund und die Exfreundin weiter. Man kann beobachten, wie sie älter werden, sich freuen, wenn sie dick werden und hässliche neue Partner haben. Man sieht, was sie studieren, wohin sie ziehen, ob sie heiraten, ob sie glücklich und manchmal auch, ob sie unglücklich sind.

Doch was ist, wenn man nicht damit groß geworden ist? Was ist, wenn jede noch so absurd aufwendige Suche nach dem Expartner nicht mal ein einziges Ergebnis bringt außer fünf Jahre alte Google-Einträge? Die heutige Generation hat es leichter, einander wiederzufinden, wenn sie das Verlangen danach hat.

Ich dagegen konnte Nele bis heute nirgendwo finden.

Nele und ich führten fast zwei Jahre eine rasante Beziehung. Wir hatten uns durch unsere Volontariatsstellen bei demselben Arbeitgeber kennengelernt. Nele und ich pflegten ein enges Verhältnis, wir waren oft zusammen und verbrachten viele Stunden miteinander. Nach kurzer Zeit zogen wir sogar in eine gemeinsame Wohnung.

Schon damals hatten mir meine Freunde von Nele abgeraten. Und auch im Laufe meiner Beziehung mit ihr hörten sie nicht auf damit. Sie sei in sich kaputt, krank, cholerisch und hysterisch. Und, ja, Nele war all das.

Ich dagegen verwendete dafür andere Begriffe. Ich nannte sie eine »Herausforderung« statt »in sich kaputt«. Ich nannte sie »sexuell abgefahren und experimentierfreudig« statt »krank«. Ich nannte sie »temperamentvoll« statt »cholerisch und hysterisch«.

Ich war gut darin, mir Nele schönzureden, das konnte ich.

Sexuell war Nele bis zu diesem Zeitpunkt die offenste aller Frauen in meinem Leben gewesen. Von Anfang an machte Nele klar, dass sie keine monogame Beziehung wollte. Nicht nur andere Männer, sondern auch Frauen nannte sie als Interessengebiet. Ich dagegen hatte gar nicht das Bedürfnis, mit anderen Frauen zu schlafen. Nele erfüllte mir alle Wünsche, die ich äußerte, und auch viele, die ich nicht mal äußern musste. Nach einer Weile bemerkte ich, dass Nele sich gar nicht anderweitig amüsierte. Auch wenn sie stets ihre Freiheit betonte, war sie im Grunde ihres Herzens wohl doch bodenständiger, als sie es sich selbst eingestand.

Trotzdem war unser Zusammensein turbulent. Wir stritten oft, lange und heftig. Wir ließen beide sehr gerade und unverblümt heraus, wenn uns etwas nicht passte. Und uns passte oft etwas an dem anderen nicht. Zum Beispiel kochte sie schrecklich, wollte es aber trotzdem immer machen.

Aber das waren Lappalien. Ich war immer für Nele da, ich fing sie immer auf. Egal wie sehr wir uns gestritten hatten, sie war mein Mädchen. Wenn sie bei der Arbeit nicht weiterkam, half ich ihr. Wenn es ihr schlecht ging, kümmerte ich mich um sie. Ich ertrug jeden ihrer wahnhaften Anfälle und blieb an ihrer Seite.

Während des Volontariats bekam Nele eine Stelle in den USA. Zwei Monate lang sollte sie bei einem Nachrichtensender arbeiten. Mir war schleierhaft, wie sie an diese Stelle gekommen war, da sie doch mit jeder Kleinigkeit überfordert war.

Erst planten wir, nach ihrem Job gemeinsam Amerika zu erkunden. Und dann stritten wir uns am Flughafen so heftig, dass ich mir Urlaub von ihr und ihrer ätzenden Art nahm. So verbrachte ich die Zeit, die sie in den USA war, alleine in unserer Wohnung. Und vermisste sie mal und dann wieder nicht.

Ich nannte sie eine »Herausforderung« statt »in sich kaputt«. Ich nannte sie »sexuell abgefahren und experimentierfreudig« statt »krank«. Ich nannte sie »temperamentvoll« statt »cholerisch und hysterisch«.

Während Nele in den USA war, ging bei meiner Arbeit ein großes Projekt zu Ende. Das musste natürlich gefeiert werden. Die ganze Crew versammelte sich, um anzustoßen. Bier, Wein, Schnaps. Nichts ließen wir aus. Wir aßen und tranken viel. Jedenfalls trank ich zu viel. Und redete zu viel mit der Teamleiterin. Je länger ich mit ihr sprach, umso sexuell anziehender fand ich sie. Sie war der krasse Gegensatz zu Nele: gesetzt, mit sich im Reinen, ruhig, gelassen und locker. Etwa 35 Jahre alt. Keine Anzeichen von Aggressionen oder Hysterie.

Es wurde später und später. Wir gingen und ich wollte sie noch nach Hause bringen. Bei ihr angekommen, passierte dann, was passieren musste, und was jedes Kind hätte vorhersehen können. Sie schaute mir tief in die Augen und flüsterte mir dann ins Ohr: »Möchtest du mit hochkommen?«

Ja, das wollte ich.

In dieser Nacht hatte ich den normalsten Sex seit Langem. Keine Spielzeuge, keine Fesseln, keine Bisse, keine Machtspiele.

Einfach nur die Missionarsstellung, bei der ich das Gesicht dieser schönen Frau beobachtete und sie intensiv spürte.

Mit meiner Teamleiterin zu schlafen war entspannend. Noch entspannender war, dass sie liiert war. Ich war mir sicher, dass die Sache niemals rauskommen würde.

Dabei hätte ich Nele mit dem Thema total gelassen gegenübertreten können. Schließlich hatten wir ihrer eigenen Aussage nach keine monogame Beziehung. Doch in dieser schwierigen Situation, die wir gerade durchmachten, war das für mich keine Option. Ich sah die Sache intuitiv als weiteren Zündstoff, der Neles und meine Beziehung in die Luft jagen konnte. Also behielt ich es für mich.

Die Entfernung tat Nele und mir gut. Wir fanden wieder näher zusammen. Sie vermisste mich. Ich vermisste sie. Also flog ich zum Ende ihres Aufenthalts doch nach Amerika, um mit ihr Urlaub zu machen. Als wir wieder aufeinandertrafen, war jedoch die Harmonie des Abstands davongeflogen wie ein Blatt im Wind. Wir waren wieder am Ausgangspunkt angelangt, an dem wir uns bereits damals am Flughafen befunden hatten: zerstritten und seltsam entzweit.

Ein paar Wochen nachdem wir aus unserem Urlaub zurückgekehrt waren, wartete Nele eines Abends auf mich. Sie hatte geweint. Das sah man ihr an. Sie war verletzt, aber das wollte sie mir keineswegs zeigen. Stattdessen setzte sie mir eiskalt vor, was sie zu sagen hatte. Und ich war baff.

»Ich weiß, dass du was mit deiner Teamleiterin hattest. Du bist so ekelhaft, Lars. Weißt du, wie alt die ist? Ich weiß gerade nicht mal, ob ich dich je wieder anfassen kann.«

Während sie mir die größte Szene ever machte, ratterte es in meinem Kopf: Woher wusste sie das? Sie konnte das nicht wissen. Wie, verdammt noch mal, hatte sie das herausbekommen?

Als sie nicht aufhörte, mich anzubrüllen, brüllte ich irgendwann zurück: »Halt mal die Luft an, ja? Wer wollte denn keine monogame Beziehung von uns beiden? Das warst doch du!«

Das musste sie zugeben, aber auf sehr geschickte Art und Weise: »Na und? Habe ich es je gemacht? Nein! Du schon!«

Irgendwann knickte ich ein. Ich entschuldigte mich. Ich versprach ihr, dass das nicht wieder vorkommen würde. Ich bat sie, mir Verständnis entgegenzubringen.

Doch sie zeigte kein Verständnis. Die Wogen hätten sich selbst mit einer Dampfwalze nicht mehr glätten lassen.

Nele zog einem Job nach Berlin hinterher. Ich blieb in Köln. Einen ganzen Monat versuchten wir oder eher: ich, unsere Beziehung aufrechtzuerhalten. Die Fremdgehgeschichte hatte Nele verändert. Sie schien gebrochen zu sein. Und ich konnte nichts dagegen tun.

Auch wenn Nele es nie zugegeben hätte, tief in ihr drin suchte sie wie alle Frauen die große Liebe. Wahrscheinlich hatte Nele gedacht, sie hätte den Mann fürs Leben in mir gefunden. Mit meinem Fremdgehen hatte ich diese Hoffnung komplett zerstört. Wahrscheinlich hatte ich Nele nicht richtig eingeschätzt, ihrem Gerede von wegen niemals Kinder und auf gar keinen Fall Ehe zu viel Glauben geschenkt. Ich hatte nicht erkannt, dass Nele auf der Suche nach gesitteten Verhältnissen war und diese vielleicht sogar bei mir gefunden zu haben meinte. Die Untreue war ein extremer Bruch in unserer Beziehung, der nicht mehr zu heilen war.

Nele kam mich an einem Wochenende in Köln besuchen. Ich hatte den Kühlschrank gefüllt, hatte für sie aufgeräumt. Kerzenlicht erhellte die ansonsten dunkle Küche. Es war bereits Nacht. Nele saß mir gegenüber an einem Holzküchentisch, der uns physisch voneinander trennte, und blätterte in einer sonderbaren Zeitschrift, die sich mit Hirnforschung beschäftigte. Die hatte sie vor ein paar Wochen abonniert und quatschte mich seitdem ständig damit voll. Die zweite Weinflasche war leer und Nele bereits mehr als beschwipst.

In diesem Zustand begann sie, laut über das gerade Gelesene zu philosophieren. Ich muss noch mal erwähnen: Es ging um Hirnforschung. Ich habe keinen blassen Schimmer von Hirnforschung. Als ich ihr absolut nicht mehr folgen konnte, was nicht nur an dem Thema, sondern auch an dem Grad ihrer Betrunkenheit lag, grätschte ich in ihren Monolog.

»Nele, was heißt überhaupt ›zerebral‹?«

Sie schaute von ihrem Glas auf und sah mich an, als sei ich völlig bescheuert und zurückgeblieben.

»Sag mal, Lars, ist etwa alles, was aus deinem Mund kommt, Scheiße? Wie dumm bist du eigentlich?«

Ein gutes Beispiel dafür, wie Nele und ich uns aus dem Nichts streiten konnten. Die Fetzen flogen in Form von Worten über den Tisch. Nele ließ alle Verachtung, die sie für mich empfand, ohne Skrupel heraus und auch ich nahm kein Blatt mehr vor den Mund.

Irgendwann hatte Nele wohl genug gesagt oder keine Lust mehr, mit mir zu streiten. Sie wankte durch den Flur und zerrte ungelenk ihre Jacke vom Haken.

»Nele, wenn du jetzt abhaust, ich sag's dir: Denk nicht, du könntest zurückkommen. Ich hab den ganzen Scheißkühlschrank voll mit Fressen für das komplette Wochenende.«

Das ließ sie unbeeindruckt. Sie hob ihre unausgepackte Tasche vom Fußboden auf. Ich war so stinksauer, dass ich mich von ihr fernhalten musste, um nicht völlig die Fassung zu verlieren.

»Nele, wenn du jetzt gehst, brauchst du dich nie wieder bei mir zu melden. Dann will ich dich nie wieder sehen!«

Die Tür flog ins Schloss und ich sah Nele nie wieder.

Nicht mal bei Facebook.

19

Liebe war das wohl nicht

Mia (24), Studentin, Köln,
über
Paul (24), Promoter, Berlin

Ich war neu in Berlin. Neu in einer Großstadt. Diese Stadt ist so groß, man weiß gar nicht, wo man als Erstes hingehen soll. Und ist man einmal losgegangen, glaubt man ständig, man würde an anderer Stelle etwas verpassen. Und so war ich permanent auf der Suche. Ich suchte interessante Partys, ich suchte interessante Menschen. Und wen fand ich? Paul. Paul war kleiner als ich. Nicht viel, aber er war's. Aber Paul war nicht nur kleiner als ich. Er war auch schmächtiger. Er kam eines Abends in die Diskothek. Ein auffälliges grünes T-Shirt lenkte meinen Blick auf ihn.

Eigentlich war ich ziemlich gelangweilt. Die Musik gefiel mir nicht, die Gäste waren nicht in meinem Alter, ich war zu aufgetakelt. Alles in allem ein »Fehl-am-Platz«-Gefühl. Dabei wollte ich doch gerade genau an diesem Abend jemanden aufreißen. Ja wirklich. Ich wollte jemanden so richtig dreckig anmachen, obwohl das alles andere als meine Art ist. Woran das lag? Ich war verletzt. Ich war in einen Typen verknallt, der mich nur fürs Bett nutzte. Auch wenn er dabei sehr liebevoll mit mir umging, war das doch das Einzige, was er wollte. Und diese Gewissheit, die schmerzte.

Ich wollte mich davon losmachen, indem ich einfach jemand anders kennenlernen würde. Jemanden, der mich ablenken würde. Und auch wenn ich mir das Ganze anders vorgestellt hatte, es sollte in dieser Nacht wirklich passieren.

Ich stand also an einem Freitagabend an die Wand gelehnt in dieser Diskothek und schaute dumpf in die Weltgeschichte, als dieses grüne T-Shirt den Saal betrat. Zwischen all dem Grau und Schwarz und Weiß fiel das meinem Hirn besonders auf. Vollkommen ungewollt, es passierte einfach. Und dann starrte ich dieses grüne T-Shirt an und an und an. Und irgendwann schaute ich in das Gesicht von Paul.

Und Paul schaute zurück. Erst da fiel mir auf, wie lange ich ihn angestarrt haben musste. Das war schon schlimm genug. Schlimmer noch: Er hatte es bemerkt. Und das Allerschlimmste: Er starrte zurück.

Paul starrte mich an. Ich schaute in dem Laden umher, drehte mich zu ihm und er starrte. Ich schaute fünf Minuten nicht hin, dann wieder und? Er starrte immer noch.

Genervt tippte ich eine Freundin an: »Hey, ich geh mal an die Bar. Ich hab einen Typen zu lange angestarrt.«

»Wen denn?«, fragte sie. Ich zeigte unauffällig auf Paul und ging an die Theke, wo bereits eine andere Freundin saß. Ich setzte mich neben sie und bestellte einen Cocktail, den ich mir eigentlich nicht leisten konnte, aber jetzt unbedingt brauchte. Was für ein Scheißabend, das konnte doch nicht wahr sein.

Einige Zeit später kam die Freundin, der ich Bescheid gesagt hatte, auch zu uns.

»Mia, hast du gesehen, dass der Typ von eben an dem Pfeiler steht und dich die ganze Zeit beobachtet?«

Ich drehte mich um und tatsächlich: Da stand er mit zwei Freunden und starrte.

»Oh nein, warum verschont mich denn niemand?«, dachte und sagte ich auch.

Daraufhin meinte ein Freund: »Ihr Frauen wisst auch nicht, was ihr wollt. Dann ist da mal einer, der offensichtlich begeistert von dir ist, und den ignorierst du? Aber die ganzen Penner, die kein Interesse an dir haben, die findest du toll, oder was?«

Da war was Wahres dran.

Meine Freunde gingen. Ich nicht, ich wollte wenigstens den Cocktail wegtanzen, wenn ich schon mal hier war und Eintritt bezahlt hatte. Ich ging also alleine auf die Tanzfläche und tanzte.

Bis ein Typ zu mir kam und anfing, mit mir zu reden. Ich verstand kein Wort, fragte die ersten drei Male nach und nickte dann nur noch. Ich versuchte gar nicht mehr zuzuhören, bis er nach meiner Hand griff.

»Was soll das denn?«, fuhr ich ihn an und zog meine Hand weg.

»Ich dachte, du wolltest tanzen?«, fragte er verwundert.

»Nee, ich geh mal kurz auf Toilette.«

Schnell flüchtete ich Richtung Damentoilette und atmete tief ein und aus. Drei Mal. Was für ein beschissener Abend, was für ein verschissener Scheißabend.

Jetzt wäre der richtige Zeitpunkt gewesen, um zu gehen. Einfach gehen, das hätte ich machen sollen. Und das hätte ich auch getan, wenn ich gewusst hätte, wo ich war. Wir waren mit dem Auto gekommen und diesen Stadtteil kannte ich nicht und wusste auch nicht, wie ich nach Hause kommen sollte.

Gut, ist nicht dein Typ, der Paul, aber wie der sich jetzt überwinden musste, um zu dir zu kommen, und was er gesagt hat, hat irgendwas in dir bewegt, also finde es raus.

An diesem Punkt des Abends war ich einfach noch nicht bereit, mich dieser Aufgabe zu stellen. Also ging ich wieder ins Innere des Clubs, stellte mich aber dieses Mal zum Tanzen an die Wand.

Von Weitem sah ich Paul und dessen Freunde. Und Paul sah mich. Er ließ sich ein wenig Zeit, doch dann setzte er sich in Bewegung und kam auf mich zu. Der Weg, den er zurücklegen musste, schien Stunden zu dauern. Stunden, in denen ich mir schon fast peinlich genau zurechtlegen konnte, wie ich ihn abservieren würde.

»Ich beobachte dich schon den ganzen Abend.«

Ach, wirklich?, dachte ich und musste grinsen.

»Und ich hab mich gefragt, ob es für mich eine Möglichkeit gibt, dich kennenzulernen.«

Fragt mich nicht, was passiert war. Ich weiß es nicht. Aber ich konnte ihn nicht wegschicken. Ich hatte mir bereits den perfekten, nicht verletzenden Satz im Kopf zurechtgelegt, doch dann blieb er mir im Halse stecken.

Sofort fing ich an, Paul gedanklich in Schutz zu nehmen: Gut, ist nicht dein Typ, der Paul, aber wie der sich jetzt überwinden musste, um zu dir zu kommen, und was er gesagt hat, hat irgendwas in dir bewegt, also finde es raus. Gib ihm 'ne Chance.

Oh, das habe ich in meinem Leben schon ganz oft gemacht: den Männern eine Chance gegeben, die keine verdient haben. Und auch dieses Mal unterhielt ich mich mit Paul, obwohl ich kein Interesse an ihm hatte. Zwar machte ich mich durchweg über ihn lustig, aber irgendwie war er mir sympathisch. Ich machte Witze über seine Größe und über seinen Namen. Doch dem war er ohne Probleme gewachsen, er konnte über sich selbst lachen.

Als Paul mir anbot, mich nach Hause zu bringen, stimmte ich zu. Nicht, weil ich wollte, dass er mich auf dem Weg begleitete, sondern weil er im Gegensatz zu mir wusste, wie wir zu mir nach Hause kämen. Zusammen stiegen wir aus der Bahn und liefen die Straße entlang, in der mein Haus war. Von hier an kannte ich den Weg. Den hätte ich alleine gehen können. Aber ich wollte nicht unhöflich sein.

Auf einmal legte Paul seinen Arm um meine Schultern. Das war erstens nicht von mir gewünscht und zweitens ist das ziemlich unangenehm, wenn der Umarmte größer ist als der Umarmende. Und dass das bei uns beiden so war, war unverkennbar.

»Lass das!«, fauchte ich ihn an.

Er zog seinen Arm zurück und machte es nicht wieder. Trotzdem ließ er sich nicht beirren und trottete neben mir her. Wir standen vor meiner Haustür und ich sagte direkt heraus: »Bilde dir nicht ein, du könntest noch mit hochkommen!«

Wollte er nicht, aber meine Nummer wollte er.

Und schon wieder fing ich an, mir eine Ausrede zu basteln. Jetzt hatte Paul mich nach Hause begleitet, das ich ohne ihn nicht so leicht gefunden hätte – da konnte ich doch nicht so ein Riesenarsch sein und ihm nicht mal meine Nummer geben.

Ich gab sie Paul und schwor mir, dass ich nie was mit ihm haben würde.

Drei Tage später lag er in meinem Bett. Wie er dahin gekommen war? Wir waren essen. Und ich war mir sicher, dass Paul und ich nichts weiter als gute Bekannte, vielleicht Freunde werden würden. Doch das wäre auch schon das höchste Ziel, das er erreichen könnte. Mein Essen bezahlte ich selbst, schließlich war das Ganze kein Date.

Danach hätte ich nach Hause gehen sollen. Aber wir gingen Cocktails trinken. Einen. Noch einen und noch einen. Auf einmal sagte Paul mit Blick auf seine Uhr gerichtet: »Was? Ein Uhr? Scheiße, es fahren keine Bahnen mehr zu mir nach Hause.«

Meine Laune verschimmelte säuerlich. Aber ich wohnte in der Nähe und bot ihm *rein freundschaftlich*, wie ich betonen möchte, an, dass er bei mir auf der Couch schlafen könne.

Ich war betrunken. Bei mir angekommen, zog ich mich ungeniert vor ihm aus und stieg ins Bett. Ich war nicht böse, als er hinterherkam. Ich wollte nur schlafen, sonst nichts. Doch Paul lag neben mir und starrte mein durch die ins Fenster scheinenden Straßenlaternen erhelltes Gesicht an. Starren konnte Paul. Und ich dabei nicht schlafen.

Ich war wirklich sehr betrunken. Paul küsste mich und ich küsste zurück. Er berührte mich und ich berührte ihn zurück. Am

Morgen danach wachte ich auf und dachte: Oh, oh. Noch beim Frühstück fragte Paul mich, ob die Nacht denn eine einmalige Geschichte gewesen sei. Und ab da wusste ich, so schnell würde ich aus der Sache nicht mehr herauskommen.

Ich wollte nicht für immer in Berlin bleiben. Oder sagen wir: Ich konnte nicht. Ich musste zurück in mein altes Leben und mein Studium beenden.

Als Paul es in mein Bett geschafft hatte, blieben mir nur noch zwei Wochen. Er bedauerte das sehr. Ich nicht. Ich sehnte mich nach meiner Familie und meinen Freunden. Berlin war cool, doch ich noch nicht bereit.

Paul war so verliebt, das hätte ein Blinder gesehen. Und ich fand schnell Gefallen an ihm und mochte ihn sogar. Doch Liebe war das wohl nicht.

Er führte mich durch die Straßen, denn er war ein Kind der Stadt und kannte sie alle: die guten und die schlechten Clubs, die guten und die schlechten Restaurants – sogar mit Drinks kannte Paul sich besser aus als ich. Und so zog er mich in sein aufregendes Leben und ich folgte ihm gern.

Paul zeigte mir ganz Berlin. Doch schlussendlich musste er mich gehen lassen. Und ja, das war scheiße, aber ich freute mich. Ich freute mich auf zu Hause. Und es interessierte mich nicht wirklich, was mit Paul passieren würde. Oder sagen wir: Ich machte mir keine Gedanken.

Paul dagegen plante unsere gemeinsame Zukunft. Mindestens an zwei Wochenenden im Monat sollten wir uns sehen.

Noch beim Frühstück fragte Paul mich, ob die Nacht denn eine einmalige Geschichte gewesen sei. Und ab da wusste ich, so schnell würde ich aus der Sache nicht mehr herauskommen.

Bei dem Gedanken fühlte ich mich eingeschnürt oder als hätte jemand die Luft aus dem Raum gelassen. Ich kannte ihn doch gar nicht und irgendwie war mir das alles zu schnell, zu viel und zu fest.

Auch als ich zurück in Köln war, machte ich mir um Paul keine Gedanken. Eine Woche nachdem ich zurückgekehrt war, besuchte er mich. Und es war alles anders. Paul war nicht mehr der Großstadtjunge, der mich in sein Leben einlud. Nein, er nervte mich von der ersten Sekunde an. Er war ständig müde, faul, nicht zu bewegen. Er fror, er war unzufrieden und hatte auf nichts Lust. Als wir ein Einkaufszentrum besuchten, rannte er sogar gegen eine gläserne Drehtür. Vor lauter Verpeiltheit hatte er das Glas nicht gesehen. Er war einfach unausstehlich und alles, was ich jemals an ihm gut gefunden hatte, war verschwunden.

Nach drei Tagen konnte ich ihn nicht mehr ertragen. Er sollte gehen. Am besten sofort. Und das sagte ich ihm auch. Er weinte, sagte, dass er mich liebe, und wollte von mir Holz für sein Hoffnungsfeuer. Doch das konnte ich ihm nicht geben. Für mich war klar, dass es das gewesen war.

Sein Vater holte ihn sechs endlos scheinende Stunden später ab. Erleichterung fühlte sich nie besser an.

20.

Es macht einfach keinen Sinn mehr

Carla (28), Radiomoderatorin, Aachen,
über
Leon (28), Fotograf, Bremen

Ein Glück für übergewichtige Mädchen, dass Gossip und vor allem Beth Ditto einen solchen Erfolg haben. Zu meiner Teenager-Zeit gab es so was nicht. Anstatt mich mit einer Popikone, die auf Modenschauen von Karl Lagerfeld laufen darf, vergleichen zu können, musste ich mir jeden Tag gertenschlanke Frauen ansehen. Im Fernsehen, im Musikbusiness, im täglichen Leben.

Für mich gab es damals nicht so ein durchschlagendes Vorbild wie Beth Ditto, an dem ich hätte sehen können, dass auch übergewichtige Frauen wunderschön sind, es wert sind, geliebt und geachtet zu werden.

Nein, bei mir war der Aufbau meines Selbstbewusstseins harte Arbeit. Doch ich baute mir eines auf, ein gutes. Ich lernte Männer kennen, die mich genau so liebten, wie ich war. Aber leider auch ganz andere.

Ich war 18, hatte mein Abitur gerade hinter mich gebracht und stand vor dem größten Abenteuer meines bisherigen Lebens:

Ich würde nach Bremen gehen und dort drei Monate als freie Mitarbeiterin in einem Radiosender arbeiten. Ein kleines Appartement bei einem älteren Ehepaar hatte ich bereits, der Umzug war geplant. Es gab nur einen Haken: Ich kannte in Bremen niemanden.

Was das bedeuten würde, war mir klar: Ich würde jeden Abend alleine rumgammeln und davon wahrscheinlich schreckliches Heimweh bekommen, meinen Job daraufhin nicht gut machen und mir die meiste Zeit wünschen, dass die drei Monate endlich vorbei seien. Aber ich bin kein Mensch, der sich seinem angeblichen »Schicksal« kampflos ergibt.

Anfangs dachte ich, Leon sei einfach schüchtern. Deshalb würde er in der Öffentlichkeit nicht meine Hand halten. Sobald wir einen Schritt vor die Tür traten, wurde Leon so etwas wie ein guter Bekannter.

Also setzte ich mich an den PC und suchte gezielt nach jemandem aus Bremen. Wozu hat ICQ die Personensuchfunktion denn sonst? Ich gab mein gewünschtes Alter, »Bremen« und »männlich« an. Wenn schon, denn schon.

Eine Liste mit vermeintlichen Jungs tauchte auf meinem Bildschirm auf. Namen wie »Kiki23« oder »Süßerboy20« ließen mich allerdings an deren Männlichkeit zweifeln. Zwischen all diesen abschreckenden Nicknames stand dort auch »Leon«. Leon. Nicht mehr und nicht weniger. Das gefiel mir und er war sogar zu dem Zeitpunkt meiner Suche online.

Damals hatte noch nicht jeder eine Digitalkamera, es gab keine wirklich bezahlbaren Webcams und so hatte nicht jeder ein Profilbild. Leon auch nicht. Aber was hatte ich schon zu verlieren?

Ich schrieb ihn an. Er antwortete. Am nächsten Tag schrieben wir uns wieder und an den darauffolgenden auch. Wir schickten Fotos von uns hin und her und fanden immer mehr Gefallen aneinander. Wir hatten jeden Tag Kontakt und warteten schon bald gemeinsam darauf, dass ich endlich nach Bremen kommen würde.

Weil wir uns so sehr darauf freuten, planten wir den ersten Abend von vorne bis hinten durch. Leon wollte mit Blumen zu meinem Appartement kommen und mich sofort küssen. Geplant war auch, dass wir ab diesem Zeitpunkt ein Paar sein würden. Wir konnten es beide kaum erwarten.

Der Tag meines Umzugs kam. Meine Eltern halfen mir, meine Sachen in das Appartement zu tragen, sie vergewisserten sich, dass es mir dort gut gehen würde, meine Mutter ließ ein paar Vogel-verlässt-Nest-Tränen und dann fuhren die beiden nach Hause. Ich setzte mich auf das Sofa und war alleine. Zum ersten Mal in meinem Leben auf mich gestellt. Dieses Gefühl war beklemmend. Als es grenzwertig wurde, rief ich Leon an. Und Leon kam.

Er stand vor meinem Appartement, hatte Blumen dabei und küsste mich sofort. Es war alles so, wie wir es geplant hatten, und wir waren überglücklich. In dieser Nacht blieb Leon sogar bei mir. Ich war positiv überrascht, wie gut alles geklappt hatte.

Die Zeit in Bremen verlief super. Im Radiosender durfte ich tolle große Projekte moderieren und mein Selbstbewusstsein stieg ins Unermessliche. Nach getaner Arbeit traf ich Leon, wir gingen zusammen an den See, fuhren Inlineskates oder blieben einfach bei mir und machten uns eine schöne Zeit.

Doch Leon hatte so etwas wie zwei Persönlichkeiten. Grob unterteilt in »privat« und »öffentlich«. Und diese beiden Bereiche trennte er strikt voneinander, sodass ich es bald am eigenen Leib zu spüren bekam.

Anfangs dachte ich, Leon sei einfach schüchtern. Deshalb würde er in der Öffentlichkeit nicht meine Hand halten. Sobald wir einen Schritt vor die Tür traten, wurde Leon so etwas wie ein guter Bekannter. Nicht mal ein Freund und schon gar nicht *mein* Freund. Er hielt zwei große Schritte Abstand von mir und beachtete mich nicht mehr.

Einen ganz anderen Leon erlebte ich hingegen im Inneren meines kleinen Appartements. Er ließ nur die Augen von mir, wenn er auf Toilette musste. Ansonsten war er zärtlich und begeistert von mir: »Carla, du bist die schönste, tollste und klügste Frau, die ich kenne.«

Nach ein paar Wochen, in denen wir täglich Zeit miteinander verbracht hatten, wollte ich mir diese Zweiteilung aber nicht mehr bieten lassen. Ich wollte aktiv dagegen vorgehen und die Initiative ergreifen. Konnte ja wohl nicht so schwer sein, mal meine Hand zu halten.

Wir waren in einer Gruppe von Pärchen auf einem Inlineskate-Ausflug. Leon stand mal wieder total weit weg von mir und würdigte mich keines Blickes. Der perfekte Zeitpunkt, um ihn aus der Reserve zu locken, war gekommen. Ich ging auf ihn zu und wollte seine Hand nehmen. Doch genau in dem Moment, als er mich auf sich zukommen sah, drehte er sich weg. Verdutzt schaute ich ihn an. Damit hatte ich nicht gerechnet.

Abends stand ein Krisengespräch an. Dieses Verhalten ging mir zu weit. Zu Hause sollte ich seine Traumfrau sein und draußen nicht mal mehr einen Blick wert? Ich stellte ihn zur Rede.

»Leon, warum verhältst du dich mir gegenüber dermaßen abweisend, wenn wir unterwegs sind?«

»Was meinst du?«, fragte er scheinheilig. Dabei musste er genau wissen, worum es ging.

»Sobald wir das Haus verlassen, würdigst du mich keines Blickes mehr, redest mit mir, als sei ich nicht mehr als eine Bekannte. Du hältst weder meine Hand, noch küsst du mich. Kann es sein, dass du dich für mich schämst?«

Empört entgegnete er: »Was? Wie kommst du denn darauf! Ich bin einfach nicht der Typ für dieses öffentliche Geturtel, aber ich schäme mich doch nicht für dich. Denk bitte nicht so was, du bist die schönste Frau der Welt für mich.« Und so weiter, und so fort.
Aha.

Er war also nicht der Typ für so was. Es war also alles in Ordnung. Warum fühlte es sich dann nicht so an? Warum war die einzige Person, die mich nicht so annahm, wie ich war, mein Freund? Und warum war Leon dann überhaupt mein Freund?

Doch Leon beteuerte immer und immer wieder, dass seine abweisende Haltung mir gegenüber ganz und gar nichts mit mir zu tun hatte.

An manchen Tagen konnte ich sein Verhalten verdrängen. Meistens dann, wenn wir bei mir waren und er wieder diese ganzen Dinge zu mir sagte, die mir so unglaublich guttaten. Doch waren wir draußen, ging das Theater von vorne los.

Meine drei Monate in Bremen nahmen ein Ende und ich zog wieder zurück nach Köln, wo ich damals lebte. Leon und ich beschlossen, dass wir der

Dann wieder die Standardausrede: Er sei nicht der Typ für so was. Und auch diesen Satz konnte ich nicht mehr hören.

Ferne trotzen würden. Deshalb planten wir, einander alle zwei Wochen zu besuchen.

Ich hatte die Hoffnung, dass Leon durch einen Ortswechsel sein Verhalten mir gegenüber ändern würde, dachte, dass er lockerer werden könnte. In Köln kannte ihn schließlich keiner. Ich holte Leon vom Bahnhof ab und bekam noch nicht mal einen Willkommenskuss. Er umarmte mich nicht und spielte wieder dasselbe Spiel. Zwei Schritte voneinander entfernt liefen wir zu meiner Wohnung. Ich war sauer. Ich war wirklich sauer auf Leon.

Während des Marsches zu mir sprachen wir kaum miteinander, ich war auch gar nicht in der Lage dazu, so sauer war ich. Doch ich wollte keinen Streit. Nicht schon wieder. Nicht wieder dasselbe leidige Thema auf den Tisch legen und es von allen Seiten anschauen, als sei es ein seltenes Tier. Schließlich hatte ich mich die ganze Woche über darauf gefreut, ihn zu sehen und eine schöne Zeit mit ihm zu verbringen. Und die hatten wir auch. Doch als ich ihn am Sonntag zum Bahnhof begleitete, um ihn zu verabschieden, und er wieder so tat, als ob er mich kaum kannte, konnte ich nicht mehr an mich halten. Zwischen uns entbrannte ein Riesenstreit.

Er redete mir ein, meine Sicht der Dinge sei pure Einbildung. Ich lachte darüber. Dann wieder die Standardausrede: Er sei nicht der Typ für so was. Und auch diesen Satz konnte ich nicht mehr hören.

Ich war einfach nicht mehr bereit, mir das von ihm gefallen zu lassen. Jedes Mal, wenn er sich so verhielt, war das wie ein Schlag ins Gesicht. Ich hatte keine Lust mehr, der Prellbock für seine Selbstzweifel zu sein.

»Leon, es reicht, wirklich. Du stehst nicht zu mir und darauf hab ich keinen Bock.«

»Carla, willst du es nicht verstehen? So bin ich eben. Akzeptiere das!«

»Ich kann dieses Verhalten nicht akzeptieren.«

Irgendwann wurde mir der Streit zu viel. Ich drehte mich um und ging. Ich kochte vor Wut, es war so schlimm, dass ich ihm bei dem nächsten total verblödeten Satz wahrscheinlich eine reingehauen hätte. Um den Rauch verschwinden zu lassen, lief ich ein paar Runden um das Bahnhofsgebäude. Ich beruhigte mich und dachte nach. Hallo? Was bildete der sich eigentlich ein? Der sollte gefälligst froh sein, dass ich mich überhaupt mit ihm blicken ließ, und sich nicht schämen. Vollidiot.

Ich wusste, dass er noch eine Stunde Wartezeit hatte. Als ich zurückkam, saß er am Bahngleis. Ich setzte mich neben ihn. Und schwieg.

So saßen wir eine Weile nebeneinander, schauten allen zu, nur uns nicht an. Und bei mir machte es endlich Klick.

Ich drehte mich zu ihm und sagte: »Ich kann nicht mit jemandem zusammen sein, der nicht zu mir steht.«

Leon schaute mir direkt ins Gesicht. Seine Augen füllten sich mit Tränen.

»Carla, mach das nicht, ich liebe dich.«

Doch es hatte keinen Sinn, an unserer Beziehung würde sich, was das betraf, nie etwas ändern und das hatte ich begriffen. Ich war nicht bereit, darauf zu verzichten, dass mein Freund mich in dem, was ich bin, auch außerhalb der Wohnung bestätigte.

»Es macht einfach keinen Sinn mehr, Leon.«

Sein Zug fuhr in die Bahnhofshalle. Schweren Herzens stieg Leon ein. Die Türen schlossen sich und die Bahn nahm ihn mit.

21

Wer fällt schon mit der Tür ins Haus?

Lara (21), Auszubildende, Frankfurt am Main,
über
Marvin (23), Student, Saarbrücken

Als ich 15 war, machte meine Familie Urlaub auf einem Campingplatz für Gleitschirmflieger in Kärnten. Es war Sommer, es war warm, es war wunderschön. Nachts sangen die Grillen ein Lied für uns und morgens rief einen die Sonne zum Frühstück. Das war ein Urlaub, den ich nie vergessen werde, denn ich traf auf meine erste große Liebe.

Eines Abends machte ich mich mit meiner Decke auf den Weg zu einer nahe gelegenen Wiese. Ich legte die Decke ordentlich ins Gras, ließ mich darauf nieder und beobachtete die Sterne. Ich genoss die Ruhe des Abends und beinahe wäre ich sogar eingenickt, da traf mich ein Modellflugzeug.

Ich hob es auf und warf es den Jungs, denen es gehörte, zurück. Doch dann traf es mich wieder. Und wieder warf ich es zurück. Beim dritten Mal wurde es mir zu viel. Wenn sie nicht in der Lage waren, das Modellflugzeug so zu werfen, dass sie niemanden trafen, dann musste ich es wohl behalten.

»Hey, wirf das Flugzeug zurück!«, rief einer von ihnen. »Nein, mache ich nicht.«

Der ganze Trupp kam zu meiner Decke gelaufen und begann zu diskutieren. Irgendwann ebbte die Diskussion ab und es entwickelte sich ein Gespräch. Bald nahmen die Jungs dann sogar auf meiner Decke Platz. Einer von ihnen hatte eine Taschenlampe dabei. Diese wurde nun herumgereicht und jeder, der sie in der Hand hatte, musste sich vorstellen.

So richtig traute ich mich nicht.

Ich konnte mir einfach nicht vorstellen, Marvin noch einmal zu besuchen. Ich hatte sogar Albträume davon, in denen seine Mutter mich zwang, noch mehr Fertigkram zu essen. Der Glutamatschock war mir förmlich anzusehen.

»Ich bin Lara, 15 Jahre alt und komme aus Hessen«, mehr sagte ich nicht. Es ging reihum und die Taschenlampe landete bei Marvin.

»Ich bin Marvin, 17 Jahre alt und komme aus Saarbrücken.«

17 Jahre alt? Sofort kam mir in den Sinn, was meine beste Freundin immer zu sagen pflegte: »Der erste Freund *muss* zwei Jahre älter sein.« Sogleich war Marvin interessanter für mich als alle anderen. Und Marvin schien auch an mir nicht uninteressiert zu sein.

Als wir später alle zusammen im See schwammen, fanden die Jungs es total witzig, mich ein ums andere Mal ins Wasser zu tunken. Nur Marvin stand mir zur Seite, beschützte mich und zeigte mir, wie ich mit den Jungs umzugehen hatte, damit sie mich in Ruhe ließen. Noch am selben Abend erzählte er mir, er sei der jüngste Deutsche mit einem Gleitschirmschein. Damit beeindruckte er mich sehr.

Es knisterte beinahe hörbar zwischen uns.

Am nächsten Tag machte ich mich extra hübsch. Ich schminkte mich etwas, lackierte meine Fingernägel und zog die schönsten Sachen an, die ich im Koffer hatte. Danach flanierte ich über den

Campingplatz, um rein zufällig Marvin zu begegnen, doch ich traf leider nur auf seine Freunde.

Etwas enttäuscht kehrte ich zu unserem Stellplatz zurück. Aber Marvin ließ nicht lange auf sich warten. Wie selbstverständlich kam er zu unserem Zelt und holte mich ab.

Zusammen spazierten wir über den Platz, zu der Wiese, auf der wir uns zum ersten Mal begegnet waren, und danach zum See. Dort ließen wir uns auf einer Düne nieder, schauten auf den See und unterhielten uns. Marvin machte mir sogar Komplimente. Er sprach davon, dass er einmal Pilot werden wolle.

»Wirst du dann meine Stewardess?«

Ich errötete. »Ich bin doch gar nicht schön genug, um Stewardess zu werden«, winkte ich ab.

»Du bist schöner als jede Stewardess auf der ganzen Welt.«

Mein Herz schmolz dahin wie warme Butter.

Die Sonne ging langsam am Horizont unter und bald waren die Sterne am Firmament zu erkennen. Marvin und ich waren dermaßen angespannt. Wir wussten beide, dass etwas passieren musste, nur wollte keiner von uns beginnen. Wir zitterten vor Aufregung. Langsam versuchten wir, uns immer mehr anzunähern.

Irgendwann legte ich meinen Kopf in seinen Schoß und schaute ihn von unten herauf an.

Minuten vergingen, die sich wie Stunden anfühlten, doch dann machte Marvin den entscheidenden Schritt: »Glaubst du, wir können mehr als Freunde werden?«

Ich bekam kein Wort heraus, stattdessen nickte ich zustimmend.

Um den Anfang unserer Beziehung zu besiegeln, küsste mich Marvin. Es war mein erster Kuss und er war wunderschön. Noch heute werde ich schwach, wenn mich ein Mann auf diese Art küsst.

Den Rest des Abends verbrachten wir knutschend am See. Nie zuvor war ich so glücklich gewesen. Die Liebe durchströmte meinen Körper wie eine Droge.

Von diesem Tag an waren wir ein Paar. Ein ganz tolles Paar, um genau zu sein. Auf dem ganzen Campingplatz kannte man uns.

Wir trafen einander, sooft es ging, und wir flogen sogar gemeinsam mit dem Gleitschirm. Es war unglaublich schön, alles war so wundervoll in diesen Tagen des Glücks.

Doch dann beschloss meine Mutter, dass wir nach Hause fahren würden. Das kam für Marvin und mich so plötzlich. Es war einfach entsetzlich. Wir waren nur schwer voneinander zu trennen. Beide weinten wir, als stehe der Weltuntergang bevor, und irgendwie war es auch ein wenig so. Uns trennte eine beachtliche Strecke und ein Wiedersehen war nicht so einfach zu bewerkstelligen.

Wieder zu Hause, war der Schmerz so groß, dass ich es kaum aushielt. Wir schrieben einander SMS und telefonierten so oft wie nur möglich.

Nach etwa drei Wochen hatten Marvin und ich es irgendwie organisiert, dass wir uns wiedersehen konnten. Meine Mutter fuhr mich nach Darmstadt und von da aus nahm mich Marvins Vater, der dort einen Geschäftstermin wahrgenommen hatte, mit nach Saarbrücken. Ich freute mich wahnsinnig darauf, Marvin wiederzusehen.

Doch das Wiedersehen war ernüchternd. Irgendwie war Marvin in einem geschlossenen Raum gar nicht mehr so toll und so cool, wie er es auf dem Campingplatz gewesen war. Dort war er eine Art Held für mich gewesen. Zu Hause war er nur Marvin.

Es war alles ganz anders zwischen uns. Der Zauber der ersten Liebe verflog genauso schnell, wie er gekommen war.

Ich fühlte mich einfach nicht wohl bei Marvin zu Hause. Nicht mal das Essen, was seine Mutter uns vorsetzte, war genießbar. Zum Frühstück gab es eine halb aufgetaute Torte und zum Mittagessen Fertiggerichte.

Seit diesen Tagen bei Marvin wusste ich das gute Essen meiner Mutter erst richtig zu schätzen.

Die ganze Situation war für mich sehr beklemmend und bald hielt ich es nicht mehr aus. Ich rief also meine Mutter an und bat sie darum, mich abzuholen, was sie dann auch tat.

Die Woche darauf machte ich mir Gedanken über die Beziehung zwischen Marvin und mir. Ich war wirklich traurig darüber, wie sich das Ganze zwischen uns entwickelt hatte. Ich hatte gedacht, dass ich mich in ihn verliebt hätte, aber als ich ihn besuchte, war von dem Gefühl gar nichts mehr übrig und das verwirrte mich. Es war ja schließlich meine erste Liebe und das ganze Drumherum war noch Neuland für mich. Nach einer Woche Bedenkzeit, die ich mir eingeräumt hatte, beschloss ich, Schluss zu machen. Ich konnte mir einfach nicht vorstellen, Marvin noch einmal zu besuchen. Ich hatte sogar Albträume davon, in denen seine Mutter mich zwang, noch mehr Fertigkram zu essen. Der Glutamatschock war mir förmlich anzusehen.

Ich rief ihn also an, um ihm meine Entscheidung mitzuteilen. Doch wer fällt schon mit der Tür ins Haus? Ich brauchte etwas Vorlauf, um mit der Sprache rauszurücken. Doch diesen Vorlauf bekam ich nicht. Wir hatten uns absolut nichts zu sagen. Das Gespräch war fast noch schlimmer als die Zeit in Marvins Elternhaus. Das schlechte Gewissen schränkte meine Kommunikationsfähigkeit ein. Ich war befangen und einfach nicht in der Lage, normal mit ihm zu reden.

Doch dann kam sein Vater ins Zimmer und verlangte, dass wir auflegten. Er habe ein wichtiges Geschäftstelefonat zu führen.

Wir legten auf. Und ich war noch unzufriedener als vorher, weil ich das, was ich zu sagen hatte, nicht losgeworden war. So konnte der Tag doch nicht vorbeigehen. Ich wollte nicht, dass dieser Tag vorüber wäre, ohne dass ich die Sache mit Marvin beendet hätte.

Immer wieder schrieb ich ihm per SMS: »Hat dein Vater aufgelegt?« und immer wieder verneinte Marvin. Gegen 22 Uhr abends schrieb er dann: »Ich glaube, das wird heute nichts mehr. Was ist denn los?«

Wir konnten also wirklich nicht mehr telefonieren? Egal, ich wollte es nicht mehr für mich behalten: »Ich mache Schluss mit dir.«

Kurz, knapp und aussagekräftig.

Doch damit gab sich Marvin nicht zufrieden und schrieb lesbar wütend zurück: »Das ist jetzt nicht dein Ernst, oder? Weißt du eigentlich, dass man nicht per SMS Schluss macht? Bist du zu feige gewesen, es mir zu sagen, oder was?«

Nein, ich war nicht zu feige gewesen. Ich hatte es ihm ja am Telefon sagen wollen. Doch das war ja bedauerlicherweise besetzt.

22

Du hast ein Problem

Hanna (21), Auszubildende, Frankfurt am Main,
über
Felix (23), Restaurantfachmann, Frankfurt am Main

Ich lernte Felix in einer Schlange vor einer Disco kennen. Ich war mit einer Gruppe Mädels unterwegs, es war Januar, es war kalt, die Schlange war lang. Doch einen Euro für die Garderobe zahlen? Ich bitte euch. Also stellten wir uns ohne Jacken in die Schlange und warteten. Wir waren davon überzeugt, dass es nicht lange dauern würde.

Als wir eine Stunde bei null Grad gewartet hatten, war mein roter Lippenstift einem Eisblau gewichen. Ich zitterte am ganzen Körper und den anderen ging es ebenso. Warum keine von uns mal die Jacken aus dem Auto geholt hatte? Die Blöße konnten wir uns nicht geben. Also waren wir stark und froren stärker.

»Euch scheint echt kalt zu sein, möchte eine von euch meine Jacke haben?«, fragte Felix, der mit einem Freund hinter uns wartete. Die anderen Mädchen lehnten dankend ab.

»Dann frierst du doch, nein, nein, behalt die mal lieber.«

»Ja, ich!«, sagte ich schnell. Wer dumm ist und fragt, muss schließlich mit einem Ja rechnen.

Aber weil ich in Wirklichkeit gar nicht so abgebrüht bin, wie man mir öfter mal attestiert, sprach ich ein paar Worte mit Felix.

War ja schließlich sehr nett von ihm, dass er mir das anbot. Ich fragte obligatorisch das Übliche ab: wie alt, woher, Beruf. Als er sagte, dass er eine Ausbildung zum Restaurantfachmann mache, wurde ich hellhörig und Felix von einem auf den anderen Moment interessant: »Willkommen im Club der Bekloppten, ich mache eine Ausbildung zur Hotelfachfrau!«

Nicht viel später umarmte Felix mich, war ja schließlich kalt. Da kam Philipp um die Ecke. Philipp hatte ich auf einer Hausparty kennengelernt, gemocht und mit ihm rumgemacht. Als ich aber nicht mit ihm schlafen wollte, verließ er die Party, ohne Tschüss zu sagen. Jetzt stand Philipp da und beobachtete uns.

»Warum guckt der Typ so hierher?«, fragte Felix. Ich antwortete darauf abwinkend: »Ach, der steht auf mich.«

Daraufhin küsste mich Felix und mir gefiel, dass Philipp es sah.

Kurz bevor wir den Club betraten, verabschiedeten Felix und sein Freund sich aber leider. Doch Nummern tauschten wir aus.

Und Felix schrieb mir auch. Nur dummerweise waren das solche SMS, auf die man nicht antworten konnte. Sie mussten von irgendeinem kostenlosen Internetversender stammen, mir war jedenfalls kein Antworten möglich. Doch wer wäre ich, wenn ich so schnell aufgeben würde! Ich recherchierte im Internet, wurde fündig und schrieb Felix eine Mail.

Ein paar Tage nach unserem ersten Treffen erfuhr ich wie nebenbei von ihm, dass er der Meinung war, wir seien ein Paar. Erstaunlich, dass ich davon nichts mitbekommen hatte.

Er meldete sich und wir verabredeten uns an einem Samstag in Frankfurt. Ich wartete auf ihn, als mein Handy klingelte.

»Ich sehe deinen schönen Hintern«, säuselte mir Felix' Stimme ins Ohr. Ich drehte mich um, da stand er vor mir und küsste mich direkt AUF DEN MUND! Sofort schnappte er sich meine Hand und führte mich pärchenlike durch Frankfurts Straßen in Cafés, vorbei an der Welt, die uns neidisch beobachtete. Beim

Anblick der Skyline erzählten wir uns beide davon, wie gern wir mal nach New York reisen würden, und hatten somit gleich eine große Gemeinsamkeit gefunden, in die wir uns hineinträumten.

Auch wenn ich die Zeit mit Felix genoss, war ich misstrauisch. Hatte er sich wirklich so schnell in mich verliebt? Euphorisch erklärte er mir, dass seine Freunde und seine Familie schon ganz gespannt auf mich seien und mich unbedingt so schnell wie möglich kennenlernen wollten. Dabei kannte er mich ja selbst noch nicht mal richtig.

Ein paar Tage nach unserem ersten Treffen erfuhr ich wie nebenbei von ihm, dass er der Meinung war, wir seien ein Paar. Erstaunlich, dass ich davon nichts mitbekommen hatte. Valentinstag stand vor der Tür und ich beschloss, Felix etwas zu schenken. Doch was schenkt man jemandem, den man gar nicht richtig kennt?

Ich entschied mich für ein schnittiges Abbild meiner selbst. Damit würde sicher nichts schiefgehen.

Auf den Valentinstag fielen auch der Faschingssonntag und der dazugehörige Umzug. Felix wollte anschließend mit seinen beiden besten Freunden vorbeikommen, damit ich sie kennenlernen konnte. Dabei wollte ich sie gar nicht kennenlernen, zumindest nicht, bevor ich ihn nicht richtig kannte. Ich holte mir Verstärkung in Form einer Freundin mit ins Boot. Alleine wollte ich mich diesen Freunden von Felix nicht stellen.

Als Felix mit seinen Freunden im Schlepptau klingelte, hatte ich noch keine Zeit gehabt, aus meinem Feenkostüm in etwas Konventionelleres zu schlüpfen. So öffnete ich ihm im rosa Kleidchen mit Glitzer-Make-up und Krönchen. Felix lächelte mich an und umarmte mich sofort. Genau in diesem Moment zerbrach mein Krönchen in zwei Teile und stürzte von meinem Kopf zu Boden. Ich will jetzt nicht sagen, dass ich abergläubisch bin, aber das war mir unheimlich.

Wir setzten uns gemeinsam an meinen runden Tisch. Das Gespräch schleppte sich langsam voran. Also übernahm Felix und erzählte uns von seinem Arbeitstag. Eine große Gruppe sei zum vornehmen Essen im Restaurant gewesen, in dem er arbeitete, und es hätte ein fettes Trinkgeld von 750 Euro für ihn gegeben.

750 Euro? Da ich selbst in dieser Branche tätig bin und auch schon großzügiges Trinkgeld bekommen hatte, kam mir das ziemlich viel vor für ein Essen. Doch ich hielt mich nicht länger mit meinem Misstrauen auf. Nachdem Felix entschieden hatte, dass seine Freunde und ich uns anstandsweise genug kennengelernt hatten, entließ er sie nach draußen.

Ich nutzte die Zeit mit ihm alleine, um ihm mein Valentinstagsgeschenk zu überreichen, auf das ich selbst ziemlich stolz war. Er öffnete die eigens dafür ausgesuchte kitschige Box, die mit Rosenblättern verziert war, und staunte über das Bild, was ich ihm geschenkt hatte.

»Ich habe auch etwas für dich«, sagte er dann, »aber ich kann es dir leider jetzt noch nicht geben. Ich möchte es noch einrahmen lassen.« Na toll, dachte ich. Da redete er sich ja gerade schön raus. Wollte mit mir zusammen sein, aber wohl nichts dafür tun.

Doch dann sagte er: »Ich möchte mit dir im Dezember nach New York fliegen. Die Flüge sind schon gebucht.«

Da fielen mir vor Erstaunen fast die Augen aus dem Kopf. Er schenkte mir eine New-York-Reise? Zum Valentinstag? Obwohl wir uns erst wenige Tage kannten? Und wie schäbig war denn dagegen mein Fotogeschenk, auf das ich so stolz gewesen war?

Fassungs- und sprachlos, berührt und tierisch erfreut küsste ich ihn. Da es Februar war und die Reise für Dezember angedacht war, musste er es richtig ernst mit mir meinen. Er musste mich wirklich lieben, daran konnte es keinen Zweifel geben. Ich war überglücklich, so einen tollen Freund gefunden zu haben, der mich auf Händen tragen würde. Davon hatte ich schon lange geträumt.

So ließ ich mein anfängliches Misstrauen über Bord gleiten, es trieb davon und ging irgendwann unter.

Felix und ich verbrachten eine wunderschöne und harmonische Zeit miteinander. Zwar hatten wir beide durch unsere Jobs wenig Zeit, doch wir sahen uns, so oft es uns möglich war.

Eines Abends telefonierten wir und Felix erzählte mir, er habe Karten für das Paul-Kalkbrenner-Event in Frankfurt und würde mich gern mitnehmen.

»Was? Paul Kalkbrenner? Der macht so Techno-Mucke, oder?«, fragte ich ihn.

»Ja, genau.«

»Nee, Felix, da kannst du gern jemand anderen mitnehmen. Das kann ich nicht ertragen.«

»Ehrlich? Och Hanna, was mache ich jetzt mit deiner Karte?«

Daraufhin fiel mir sofort jemand ein, der sich darüber freuen würde: »Nimm doch Timo, meinen Mitbewohner, mit, der steht total auf den.«

Und ich hatte recht, Timo freute sich enorm. Darüber hinaus verstanden Timo und Felix sich wirklich blendend, schauten Filme zusammen, während ich arbeiten war, aßen zusammen und konnten sich gut leiden.

So kam es, dass Timo, nachdem er einmal von der Arbeit nach Hause kam, Felix fragte, ob sie nicht gemeinsam joggen gehen wollten.

»Ich war heute bereits joggen, sorry«, sagte Felix.

»Ach, hat Hanna dir den Schlüssel dagelassen?«, fragte Timo beiläufig.

»Nein, das fiel mir aber auch erst auf, als ich draußen war. Doch ich bin mit meiner Kreditkarte wieder reingekommen.«

Nachdem Felix unsere Wohnung verlassen hatte, rief mich Timo sofort an und erzählte mir von seinem Gespräch mit Felix. Man konnte mit einer einfachen Kreditkarte unsere Tür aufbrechen? Und das auch noch in Frankfurt, der Finanzhochburg? Ich rannte nach der Arbeit förmlich nach Hause und versuchte sicher eine Stunde lang, meine Haustür mittels einer Kreditkarte zu öffnen, was definitiv nicht funktionierte. Mit jeder Minute, in der die Tür nicht aufging, steigerte ich mich mehr und mehr in meinen Ärger hinein.

Meinen ganzen Zorn legte ich dann in das Gespräch, das ich mit Felix direkt nach meiner Kapitulation führte.

»Felix, sag mir die Wahrheit: Bist du wirklich mit deiner Kreditkarte bei uns eingebrochen?«, fragte ich erst ruhig, doch als er mich weiterhin anlog, schrie ich ins Telefon: »Sag mal, spinnst du? Wem willst du das denn erzählen?«

Er log, immer und immer wieder und machte mich damit wahnsinnig. Ich fing an, ihm hinterherzuschnüffeln, jede Aussage legte ich auf die Goldwaage.

Nach langem Hin und Her gab er schließlich zu, dass er keine Lust gehabt hatte, mit Timo joggen zu gehen. Als Timo nach dem Schlüssel gefragt hatte, wäre ihm nur die Kreditkartengeschichte eingefallen. Doch das sollte nicht das letzte Mal gewesen sein, dass er mich anlog.

Nach einem Monat fragte ich ihn, ob ich die Tickets für unsere New-York-Reise sehen könne.

»Das geht nicht, die sind bei meinem Onkel«, sagte er darauf schnell und lenkte das Thema auf etwas anderes. Ein paar Wochen später fragte ich wieder nach und auch danach immer wieder, bis er mir versprach, sie mir zuzuschicken.

Jeden Tag schaute ich in meinen Briefkasten. Doch nie waren darin Tickets zu finden. Und mit jedem morgendlichen Nachschauen wurde meine Enttäuschung größer. Langsam begriff ich, dass Felix ein Problem mit der Wahrheit hatte.

Einmal rief er mich an und erzählte mir, er werde gerade von Wildschweinen verfolgt und könne auch nicht mehr lange mit mir reden, denn sein Akku sei beinahe leer.

Er log, immer und immer wieder und machte mich damit wahnsinnig. Ich fing an, ihm hinterherzuschnüffeln, jede Aussage legte ich auf die Goldwaage.

Doch ich hatte keine Beweise dafür, dass er log. Bis mir Paul Kalkbrenner in den Kopf kam. Ich recherchierte das Datum für das Paul-Kalkbrenner-Event und fragte ihn eine Woche vorher scheinheilig, wie er denn die Woche über Dienst hätte.

»Freitag hat meine Schwester Geburtstag und Samstag muss ich wahrscheinlich arbeiten«, sagte er.

Soso, er musste also Samstag arbeiten, doch genau an diesem Samstag sollte das Event sein, für das er angeblich Karten hatte. Ich verhielt mich ruhig. Vielleicht würde er Timo absagen, dachte ich mir und sprach ihn erst mal nicht auf meine Vermutung an.

Doch als er Timo am Mittwoch immer noch nicht abgesagt hatte, stachelte ich Timo so lange an, bis er per SMS nachfragte, was mit dem Event sei.

»Entschuldige, Timo«, schrieb Felix daraufhin, »ich habe die Karten verkauft, weil meine Schwester am Samstag Geburtstag hat und eine Gartenparty feiert.«

Die Schwester hatte also Freitag und Samstag Geburtstag – interessant.

Ich verzweifelte an Felix. Seine Lügen waren weder boshaft, noch verfolgten sie einen üblen Plan. Immer wieder drängte ich ihn, mir die Wahrheit über die New-York-Tickets zu sagen.

»Felix, du kannst mir sagen, wenn es die Tickets nicht gibt, ich bin nicht sauer, aber bitte sag mir die Wahrheit.«

Nein, Felix war sich keiner Schuld bewusst und beteuerte, er hätte die Tickets bereits versendet und würde sich selbst darüber wundern, dass sie nicht angekommen waren.

Ich sprach ihn sogar direkt auf sein zwanghaftes Lügen an. Doch Felix gab nicht zu, dass er log. Felsenfest behauptete er immer wieder, ich sei die letzte Person, die er anlügen würde.

Egal wann wir miteinander redeten, es gab immer eine unglaubliche Geschichte von Felix' Seite. Mit einem Telefonat sollte ich ihm sogar sein Leben gerettet haben: »Hanna, du glaubst nicht, was gerade passiert ist! Ich bin stehen geblieben, um ans Handy zu gehen, und genau in dem Moment ist ein riesiger Ast vor meinen Füßen zu Boden gekracht. Du bist mein Engel!«

Der teure Whiskey seines Vaters, den Felix Timo und mir in den höchsten Tönen angepriesen hatte, war in Wirklichkeit ein billiger aus dem Lidl.

Mir wuchs die Sache über den Kopf. Bald konnte ich das Ganze nicht mehr ertragen. Ich rief ihn an, um Schluss zu machen.

»Felix, du hast ein Problem, du musst zum Arzt geben. Du lügst zwanghaft, ich kann das nicht mehr ertragen.«

Doch er blieb dabei: »Hanna, ich würde dich niemals anlügen.«

Ich war mit meiner Kraft am Ende.

»Tut mir leid, Felix, aber so macht das mit uns keinen Sinn mehr.«

Der Traum von einer New-York-Reise war schon vor langer Zeit zerplatzt. Der Traum von einer gemeinsamen Zukunft mit Felix erst mit dem Auflegen des Hörers.

23

Sie trug noch ihren Schlafanzug

Darius (23), Datingcoach, Frankfurt am Main,
über
Anna (22), Studentin, Dortmund

Ich bin Datingcoach. In unseren Kreisen nennt man meine Tätig-
keit auch Pickup Artist, kurz PUA. Ja, ich bin einer von denen,
der anderen Kerlen beibringt, wie man Frauen anspricht. Nein,
ich bin keiner von denen, der anderen Kerlen beibringt, wie man
Frauen aufreißt, durchnimmt und fallen lässt, auch wenn die
Grenze zwischen diesen beiden Arten fließend verläuft. Doch das
ist eine andere Geschichte.

Im Zuge meines Berufs bin ich viel und oft unterwegs. Ich
halte Workshops und Seminare in ganz Deutschland ab, hole
mir Tipps aus den USA, treffe mich mit anderen PUAs zum Aus-
tausch, pflege Blogs und habe mit ein paar PUAs das drittgrößte
deutschsprachige Forum zum Thema aufgezogen: Ich würde also
behaupten, ich habe ein spannendes Leben. Ein Leben, von dem
die meisten Männer nur träumen können.

Deshalb konnte mich Anna, als ich sie kennenlernte, zunächst
nicht wirklich anlocken. Sie lebte in Dortmund – mein festes

Lebensumfeld ist zum größten Teil in Hessen verortet. Viel zu weit weg und viel zu stressig, so ein Fernbeziehungsding. Vor allem für jemanden wie mich.

Ich lernte Anna bei meinem zweiten Workshop in Dortmund kennen. Hübsch war sie, aber vor allem hatte Anna eine reizende Form der Reinheit an sich: Sie war keine Frau, die sich jedem Dahergelaufenen hergab – das sah ich schnell. Wenn man oft unterwegs ist, um Frauen kennenzulernen, entwickelt man dafür einen Blick. Man entlarvt die, die sich rein geben, aber in Wirklichkeit total verrucht sind. Die, die sich gespielt zieren, und die, die es wirklich so meinen. Eine von diesen wenigen Frauen war Anna.

> Ich bekam Gewissensbisse, weil ich es nicht wirklich ernst mit ihr meinte, weil ich, wenn ich zu Hause war, immer noch meine Exfreundin flachlegte, weil ich bei den Pick-up-Workshops immer noch andere Frauen ansprach.

Diese Art Frau ist schwierig zu erobern. Entweder wurde sie bereits so sehr enttäuscht, dass sie die Schnauze voll hat, oder sie ist extrem anspruchsvoll. Anna war eine Mischung aus beidem, jedoch auf eine sehr charmante Art und Weise.

Gemeinsam mit ihren Freundinnen genoss sie die Nacht, die Drinks und wippte im Takt der Musik. Anna hatte etwas von einer Prinzessin, die auf einen Prinzen wartete. Sie war weder überheblich noch aufmüpfig. Sie war eher zurückgenommen, verhalten und schüchtern.

Nachdem ich sie mir eine Weile angesehen hatte, war ich mir mit meiner Einschätzung ziemlich sicher. Also ging ich zu ihr und sprach sie an. Mit meinem Urteil – »Ich kann mir vorstellen, dass du eine kleine Prinzessin bist« – traf ich direkt ins Schwarze. Sie mochte mich. Und sie gab mir ihre Nummer. Doch ich rief sie nie an. Sie wohnte einfach zu weit weg und Dortmund hatte für mich nicht genug zu bieten, um alle meine Wochenenden dort verbringen zu wollen.

Nach einer Weile, ich dachte nicht mal mehr an sie, schrieb Anna mich in einem sozialen Netzwerk an. Sie hatte mich gesucht. Und ich merkte, dass ich sie unterschätzt hatte.

So schrieben wir einander eine Weile und kurz darauf lud sie mich nach Dortmund zur Loveparade ein, bot sogar an, dass ich bei ihr übernachten könne, denn ihre Eltern waren zu der Zeit nicht zu Hause. So ein Angebot muss man mir nicht zweimal machen. Ich fuhr nach Dortmund. Und sah zum ersten Mal ihr Zimmer. Die Wände waren in einem zarten Rosa gestrichen und selbst die Einrichtung glich der aus einem Barbie-Haus. Fast musste ich darüber lachen, wie recht ich mit der Prinzessinnensache gehabt hatte. Doch nachdem wir den Tag miteinander verbracht hatten und ich mich schon auf die Nacht mit ihr freute, verbannte sie sich selbst auf die Couch und bot mir ihr Bett an. Eine hervorragende Gastgeberin, doch offenbar eine ziemlich lahme Liebhaberin.

Wir hielten auch über die Entfernung Kontakt, doch ich erzählte Anna nicht, was ich beruflich machte. Jedenfalls nicht genau. Ich gab mich als Kommunikations-Coach aus, was nicht ganz so abwegig war und meinem ständigen Rumgereise ein Alibi gab.

Ich besuchte Anna ein zweites Mal. Wieder waren ihre Eltern nicht da. Sie waren im Urlaub. Und ich blieb fünf Nächte. Schon in der ersten Nacht schliefen wir zusammen in einem Bett. Doch damals war ich noch neu in der Pick-up-Szene. Jeder fängt mal klein an. Deshalb hatte ich sie selbst nach der dritten gemeinsamen Nacht in einem Bett immer noch nicht dazu bekommen, mit mir zu schlafen.

Ewig wollte Anna mich aber nicht auf die Folter spannen, deshalb machte sie in der vierten Nacht den ersten Schritt. Nachdem ich kurz auf Toilette gewesen war, lag sie nackt und erwartungsvoll in Pose gesetzt im Bett und wartete auf mich.

Als ich dieses wirklich liebe Mädchen dort liegen sah, bekam ich Gewissensbisse. Ich bekam Gewissensbisse, weil ich es nicht wirklich ernst mit ihr meinte, weil ich, wenn ich zu Hause war, immer noch meine Exfreundin flachlegte, weil ich bei den Pick-up-Workshops immer noch andere Frauen ansprach. Das hatte Anna nicht verdient.

Ich kam zu ihr ins Bett, nahm sie in den Arm und flüsterte ihr ins Ohr: »Es tut mir leid, Anna, ich kann nicht.« Natürlich war sie verwirrt. Natürlich sagte ich ihr nicht, warum ich das nicht machen konnte. Stattdessen hielt ich sie im Arm. Das würde ihr wenigstens auf emotionaler Ebene etwas geben.

Am nächsten Abend waren meine Zweifel und Gewissensbisse dann wie weggeweht, wir hatten den Tag über so viel Zeit miteinander verbracht, dass ich nur ungern auf den letzten Schritt verzichten wollte. Ihre Eltern waren zurückgekehrt und Anna stellte mich ihnen vor. In der fünften Nacht hatte ich keine Skrupel, mit Anna zu schlafen, obwohl die Eltern im Haus und selbiges ziemlich hellhörig war.

Nach der fünften Nacht kehrte ich zurück nach Hessen und gab in sämtlichen meiner Profile in sozialen Netzwerken an, dass ich vergeben war. Ein Fehler.

Ich stand gerade mitten in Frankfurt und schaute mir das alljährliche Feuerwerk nach dem Museumsuferfest an. Links und rechts von mir standen Teilnehmer unseres Flirt-Workshops. Mein Handy klingelte. Es war Anna. Weinend. Am Boden zerstört. Ich versuchte, sie zu beruhigen.

»Anna, was ist los? Was ist passiert?«

»Du Arsch! Deine Exfreundin hat mir alles erzählt!«

»Was hat sie dir erzählt, Anna?« Ich hoffte inständig, dass sie nicht erzählt hätte, ich würde immer noch mit ihr ins Bett gehen.

»Du bist gar kein Kommunikations-Coach! Du hast mich belogen! Du reißt am Wochenende Frauen auf!!! Stimmt's?«

Puh, ich hatte Glück gehabt: Nur die PUA-Sache war rausgekommen. Von Seminaren wusste ich, dass Frauen das akzeptieren, wenn sie einen wirklich toll finden. Und Anna fand mich toll, es konnte also nichts schiefgehen. Ich redete lange mit ihr, erklärte ihr, warum ich das machte, dass ich darin gut bin und anderen helfen möchte, besser klarzukommen. Irgendwann hörte sie auf zu weinen und gab sich dann auch mit meinem Versprechen zufrieden, keine anderen Frauen außerhalb des PUA-Rahmens anzusprechen. Wenn dann immer nur rein beruflich.

Anna akzeptierte mein PUA-Dasein. Wie geplant.

Sie war ein tolles Mädchen und es wert, dass ich die nächsten Wochen immer mal wieder nach Dortmund zu ihr fuhr. Sie verwöhnte und bekochte mich. Im Gegenzug überraschte ich sie mit Anrufen, wie »Ich bin auf dem Weg zu dir«, welche sie nicht glaubte, bis ich dann wirklich vor ihrer Tür stand. Und als ich mal einen Workshop in Dortmund hatte, kam ich danach zu ihr. Selbst mit ihrem Vater verstand ich mich blendend. Annas Exfreund muss ein ziemlicher Depp gewesen sein: Mich mochte ihr Vater umso mehr. Wir tranken gemeinsam Bier und redeten über Fußball. Genauso einen Freund hatte er sich für Anna immer gewünscht. Alles lief harmonisch.

Doch die Entfernung und auch meine Interessen kollidierten mit der Beziehung, die ich zu Anna pflegte. Ich war nicht ehrlich zu ihr, ich schlief mit anderen Frauen und ich fand einfach mehr Gefallen an meinem freien Leben als an dem, was ich mit Anna führte. Das ständige Hin-und-Her-Fahren, das viele Telefonieren und Melden störte mich und engte mich mehr ein, als ich eigentlich zulassen wollte.

Hin und wieder besuchte Anna auch mich zu Hause. Zum Frühstück aß sie immer Brot, Tomaten und Gurken. Weder Wurst noch Aufstrich oder gar Marmelade. Also bekam sie das auch, wenn sie bei mir war. Als Anna mal wieder ein Wochenende bei mir war, beschloss ich, dass es das letzte sein sollte, das Anna und ich gemeinsam verbrachten. Nachdem wir das Frühstück hinter uns gebracht hatten, sprach ich sie mit ruhiger Stimme an. Sie trug noch ihren Schlafanzug und hatte ganz wuschelige Haare. Ich legte nach dem letzten Bissen mein Messer zur Seite, kreuzte die Hände über dem Teller und schaute sie an. Als sie es bemerkte, fragte sie beschämt und ohne mich dabei anzusehen: »Warum schaust du mich an?« Dabei lief dieses hübsche, mädchenhaft unschuldige Lächeln über ihre Lippen wie ein junges Reh über taunasses Gras.

»Es tut mir leid, Anna, aber eine Beziehung über diese Entfernung ist mir einfach zu viel.«

Sofort verschwand das Lächeln. Stattdessen sah sie mich mit festem Blick an.

»Was möchtest du mir damit sagen?« Aus ihrem harten Tonfall hörte man, dass sie sich des Ernstes der Lage nun vollkommen bewusst war.

»Ich kann nicht mehr mit dir zusammen sein. Die Entfernung macht mich kaputt. Sie hält mich in ihren Händen und drückt mit jedem weiteren Tag, den ich von dir getrennt bin, fester zu, sodass ich kaum noch Luft bekomme. Der Trennungsschmerz ist schlichtweg größer geworden als die Freude über unser Wiedersehen.«

Die Wahrheit über meine Gründe verschwieg ich ihr. Ich wusste, sie litt bereits genug.

Meine Entscheidung traf Anna unverhofft und hart. Sie weinte. Sie packte ihre Sachen und weinte. Sie ging ins Bad, um sich zurechtzumachen, und weinte. Und weinte wahrscheinlich auch noch, als sie zurück nach Dortmund fuhr.

24

Ist ihm etwas passiert?

Kim (24), Studentin, Berlin,
über
Sebastian (33), Doktorand, Boston

Vereinfacht gesagt hatte ich mit Sebastian eine Beziehung mit Verfallsdatum. Sie war von Anfang an datiert auf einen bestimmten Tag, der immer näher rückte und unsere gemeinsame Zeit nur so davonrennen ließ. Es war klar, dass Sebastian nur ein halbes Jahr für Forschungsarbeiten in Berlin sein würde. Und danach? Da sollte Schluss sein mit uns. So hatten wir es uns zumindest vorgenommen. Eine Fernbeziehung über den Atlantik hinweg kam uns beiden nicht cool vor, sondern eher anstrengend. Und zudem weiß man nach einem halben Jahr noch gar nicht, wohin sich eine Beziehung entwickelt und ob man dann überhaupt bereit ist, derartige Strapazen auf sich zu nehmen. Also schützten wir uns mit diesem Versprechen oder versuchten es zumindest. Gefühle entwickeln sich bekanntlich immer dort, wo sie es nicht sollen.

Das Internet mit seinen tausend Datingportalen hatte uns an einen Tisch gebracht. Eigentlich war das Portal ein Lückenfüller für mich gewesen. Man konnte online gehen und Profilbilder von anderen Nutzern bewerten. Und so klickte ich mich durch meine selbst verordneten Lernpausen, lachte über absurde Bilder, war schockiert beim Anblick von Halbnackten und hatte meinen Spaß. Gefiel einem jemand besonders gut, war es möglich, denjenigen anzuschreiben. Wer wen angeschrieben hatte? Daran erinnere ich mich heute schon nicht mehr. Vielleicht hatte Sebastian mich angeschrieben, um sich in Berlin eine schöne Zeit zu machen, mit einer jungen Frau, die dort wohnte und sich auskannte. Vielleicht hatte ich ihn angeschrieben, weil er mir optisch zusagte. Ich weiß es nicht mehr.

Es kam zum ersten Treffen, zu Sympathie, zu weiteren Treffen und zur Verliebtheit. Wir sahen uns immer öfter, unternahmen viele Dinge miteinander, schliefen miteinander.

Wir schienen wie füreinander gemacht, so gut verstanden wir uns. Ich sang, wann immer sich mir die Gelegenheit bot, Lobeshymnen auf diesen außergewöhnlichen und intelligenten Mann. Anfangs nannte ich ihn einen »guten Freund«, später dann »meinen Freund«. Ich glaubte sogar so sehr an uns, dass ich ihn meinen Eltern vorstellte. Völlig zu Unrecht, wie sich kurze Zeit später herausstellen sollte.

Ich glaubte auch immer noch an uns, als er seine Sachen packte, um zurück nach Amerika zu gehen. Als der Zeitpunkt gekommen war, sprachen weder er noch ich von unserer Vereinbarung, es bei den sechs schönen Monaten zu belassen. Mit Tränen in den Augen verbrachten wir die letzten Stunden miteinander. Wir waren uns sicher, dass wir uns bald wiedersehen würden. Auch als er dann in den USA angekommen war, beteuerte er, wie sehr er mich vermisste und sich zu mir zurück wünschte. Unter diesen Voraussetzungen – der Ernsthaftigkeit unserer Liebe – war auch ich bereit, auf den Atlantik zu scheißen. Was konnte der uns schon? Und wer waren wir, dass wir uns von einer Entfernung abschrecken ließen?

Wir skypten, telefonierten, schrieben E-Mails. Und die Sehnsucht danach, Sebastian wiederzusehen, stieg und stieg. Also beschloss ich, ihn so schnell wie mir nur möglich zu treffen. Völlig von uns überzeugt, teilte ich Sebastian mit, dass ich ihn gern an

Silvester besuchen würde. Er war total begeistert, schmiedete mit mir gemeinsam Pläne, suchte uns Routen heraus, die wir gemeinsam erkunden würden. Ich begann, die Tage zu zählen, und wünschte mir wie noch nie zuvor, dass doch endlich Winter werden würde.

Voller Glückseligkeit kaufte ich die Tickets. Als ich sie in den Händen hielt, schaute ich sie mir genau an. An diesen zwei Stücken Papier hing so viel, sie waren in der Lage, mein Leben und damit meine Zukunft vollkommen zu verändern. Für mich hatten diese Tickets einen enormen Wert und wenn ich sie nicht im Winter hätte nutzen wollen, hätte ich sie mir wahrscheinlich eingerahmt.

> *So wiegte Sebastian mich in Sicherheit, bevor er mich auf den harten Boden der Tatsachen fallen ließ.*

Es waren bereits fünf Wochen vergangen, seitdem Sebastian abgereist war. Die Tage waren grau geworden und mein Leben leer. Die wenigen Minuten, die ich mit Sebastian via Skype verbrachte, ersetzten nicht annähernd unsere schöne gemeinsame Zeit. Diese trüben Tage schleppten sich langsamer dahin als ein angeschossenes Tier.

An einem Freitag erzählte Sebastian mir, er würde übers Wochenende auf ein Seminar fahren. Deshalb sei er schlecht erreichbar, doch er wolle sich nach seiner Rückkehr sofort wieder bei mir melden.

»Ich hab dich lieb, Kim, du fehlst mir.«

Oh ja, er fehlte mir auch so wahnsinnig.

So wiegte Sebastian mich in Sicherheit, bevor er mich auf den harten Boden der Tatsachen fallen ließ. Die nächste Woche kam, doch das Telefon blieb still. Montag, Dienstag, es schien, als würden diese Tage einfach nicht vergehen. Ich starrte aufs Telefon, war daueronline, konnte kaum auf die Toilette gehen, was mir schwere Bauchkrämpfe bereitete. Doch er hätte ja genau in diesen fünf Minuten anrufen können, das konnte ich nicht riskieren.

Aber all meine Mühen waren umsonst. Er meldete sich nicht. Am Mittwoch rief ich ihn an. Er ging nicht ran. Ich schrieb E-Mails. Er schrieb nicht zurück. War ihm etwas passiert? War er nicht von dem Seminar zurückgekehrt? Untätig und verzweifelt musste ich darauf hoffen, dass er ein Lebenszeichen von sich geben würde. Ich rief immer wieder an, meine Nachrichten an ihn wurden immer flehender. Der Oktober verging. Ohne ein einziges Zeichen von Sebastian. Heute frage ich mich, wie ich diese Zeit damals überhaupt überstanden habe. Ich war krank vor Sorge und doch schlich sich immer häufiger ein Gedanke zu den Sorgen: Was wäre, wenn es ihm gut ging? Was wäre, wenn er sich absichtlich nicht bei mir meldete und sich selbst verleugnete? Schon der Gedanke daran machte mich fertig. Dann wäre alles, was ich glaubte, mit ihm gehabt zu haben, gespielt gewesen. Kein Wort aus seinem Mund hätte er ernst gemeint. Keiner unserer gemeinsamen Träume würde in Erfüllung gehen. Anfangs war ich mir noch sicher, dass etwas geschehen sein musste. Meine Freunde versuchten krampfhaft, mir einzureden, dass ich mit Sebastian abschließen müsse: »Hak den Typen einfach ab.«

So einfach war das leider nicht.

Doch irgendwann entdeckte ich eine Internetseite, die er nutzte, um Ergebnisse aus seinen Forschungen zu veröffentlichen. Und da wurde mir klar, dass ihm nichts zugestoßen sein konnte. Er veröffentlichte nämlich fröhlich weiter. Wut kochte in mir hoch. Dieser Mistkerl! Ich machte mich seinetwegen fertig und er lebte sein Leben einfach genauso weiter wie zuvor, indem er einfach so tat, als hätte es mich nie gegeben.

Vielleicht hatte dieser Arsch in den USA sogar eine Freundin! Oder eine Familie?

Ich stornierte den Flug und investierte das zurückgewonnene Geld in ein wunderschönes Abendkleid, das mich durch die Silvesternacht begleitete.

Wer braucht schon Männer!

25

Lass uns bitte Freunde bleiben

Anika (23), Studentin, München,
über
Daniel (24), Student, München

Wie macht man galant mit jemandem Schluss, der einen nur noch langweilt? Galant war die folgende Aktion von mir zwar nicht, jedoch amüsant und behaftet mit allen Klischees, die es über das Beenden von Beziehungen gibt. Doch dazu später.

Daniel war nett, wirklich. Daran lag's nicht. Es lag nicht an seinem Aussehen, nicht an seiner Art, nicht an ihm. Er war perfekt, so wie er war.

Er gab sich die größte Mühe, mir alles recht zu machen. Doch all das war für mich nicht genug. Ich liebte Daniel einfach nicht. Ich hatte es mir nur eingeredet. Schlecht sah er nicht aus, das fanden auch meine Freundinnen damals. Er war gut in der Schule, gut gekleidet und bei vielen anderen Mädchen sogar äußerst beliebt.

Mit diesen oberflächlichen Attributen hatte Daniel mich ködern, jedoch nicht ernähren können. Wenn jemals Luft in unserer Beziehung gewesen war, dann war sie spätestens jetzt komplett raus und einem erdrückenden Vakuum gewichen. Seine Anrufe nervten, die Treffen mit ihm nervten und irgendwann wollte ich ihn einfach nur noch loswerden.

Doch hatte ich nicht den Hintern in der Hose, um ihm das geradewegs ins Gesicht zu sagen. Getan hatte er mir schließlich nichts, nur versucht, mich zu lieben, und das war in diesem Fall einfach nichts Verwerfliches. Ich war diejenige, die Verwerfliches tat. Ich fühlte mich schlecht, weil ich überhaupt mit ihm zusammen war und es nicht schaffte, Schluss zu machen. Ich fühlte mich schlecht, weil ich jede Minute mit ihm als eine nicht enden wollende Qual empfand.

Irgendwann war ich diesen Gefühlen nicht mehr gewachsen. Ich sagte ein Treffen mit Daniel ab und nannte nichtige Gründe. Ich glaube, ich hatte plötzlich ganz heftige Kopfschmerzen. Dumm nur, dass er mich abends erwischte, als ich mit meinen Mädels im Kino saß. Kopfschmerzen und Kino lassen sich leider, egal wie man das Blatt auch dreht und zurechtknickt, nicht miteinander vereinbaren. Heute nicht. Damals nicht.

Ich saß bereits, als Daniel den Saal betrat. Doch er war nicht allein. Er hatte meinen Schlussmachgrund gleich mitgebracht: eine hübsche Blondine, die ihm auf Schritt und Tritt folgte.

Nein, das will niemand sehen. Auch der vermeintlich Verarschende will nicht sehen, dass er verarscht wird.

Als ich das sah, fiel mir alles aus dem Gesicht. Dieser Schuft! Da konnte ich einmal nicht und schon kam er mit 'ner anderen um die Ecke? Nicht zu fassen. Am liebsten wäre ich im Erdboden versunken.

Doch es sollte noch schlimmer kommen: Er und Blondie hatten Karten für genau die Reihe, in der ich mit den Mädels saß. Also quetschte sich Daniel mit Blondie im Schlepptau an uns vorbei und konnte mich demnach gar nicht übersehen.

»Hallo«, sagte ich so schuldbewusst, wie ich eigentlich selbstbewusst klingen wollte. Schließlich war ich zwar noch der Arsch, aber er war ja wohl gerade zum Oberarsch mutiert. Denn als er mich ansah, um mein Hallo zu erwidern, war kein Anzeichen von Reue in seinem Gesicht zu erkennen. Ich hatte Daniel unterschätzt. Er war mit allen Wassern gewaschen. Er tat so, als sei es völlig normal, dass er mit einer Blondine, die nicht seine Freundin war, ins Kino ging, und als sei es nicht mal erwähnenswert, dort seiner eigentlichen Freundin über den Weg zu laufen.

Meine Freundinnen schauten mich an, schauten ihn an, schauten Blondie an und danach wieder mich. Jede hatte andere Emotionen im Gesicht, doch alle waren leicht zu lesen. Mitgefühl, Wut, Fassungslosigkeit. Genau diese drei Gefühle mischten sich im selben Moment in meinem Magen.

> Daniel war mit allen Wassern gewaschen. Er tat so, als sei es völlig normal, dass er mit einer Blondine, die nicht seine Freundin war, ins Kino ging, und als sei es nicht mal erwähnenswert, dort seiner eigentlichen Freundin über den Weg zu laufen.

Wie konnte er es wagen, so was abzuziehen und mich vor meinen Freundinnen derart zu blamieren und bloßzustellen?

Und dann sah ich, wie er Anstalten machte, sich zu mir herunterzubeugen. Er hatte doch nicht etwa vor, mich zu küssen, oder? Schnell drehte ich meinen Kopf zur Seite und er erwischte nur meine Wange. Anstatt sich nach dieser weiteren Peinlichkeit wieder aufzurichten, blieb er in gebeugter Haltung mit seiner Nase direkt an meinem Ohr stehen. Er atmete tief ein und wieder aus, bevor er zu sprechen begann: »Lass uns mal kurz rausgehen und uns unterhalten.«

Na toll. Daniel versaute mir gerade den ganzen Abend. Dabei hatte ich mich so auf den Film gefreut. Was sollte es denn noch zu reden geben? Er tauchte mit einer anderen auf und wollte dann noch mit mir reden? Hatte dieser Mann überhaupt ein Fünkchen Anstand?

Widerwillig folgte ich ihm nach draußen. Es regnete. Konnte es noch schlimmer kommen?

Konnte es. Daniel fragte mich direkt, was ich mit Kopfschmerzen im Kino verloren hätte. Von der Blondine sagte er kein Wort. Ehre hin oder her, ich war nicht bereit, das Thema Blondie von mir aus anzuschneiden. Er hätte noch denken können, dass mir sein Anschleppen dieser Frau etwas ausgemacht hätte, und diese Genugtuung war ich nicht zu verschenken bereit.

Der Moment des Schlussmachens war gekommen, das spürte ich. Rausreden brachte nichts, es galt Tacheles zu reden.

»Weißt du, Daniel, ich hab gerade so viel um die Ohren und irgendwie kommt mir immer mehr die Gewissheit, dass ich noch gar nicht bereit für eine Beziehung bin. Manchmal glaube ich sogar, ich bin gänzlich beziehungsunfähig.«

Daniel begriff natürlich sofort, was los war, und versuchte, meinen Phrasensalat mit einer Blutgrätsche zu stoppen.

»Nein, Anika! Bitte nicht die Tour.«

»Es liegt wirklich nicht an dir, Daniel. Ich allein bin das Problem. Du bist so perfekt und ich so beschädigt.«

Ich fand meine Rede derart überzeugend, dass ich den Mist sogar fast selbst glaubte. Schlussendlich brachte ich den alles zunichte machenden Satz: »Aber lass uns bitte Freunde bleiben. Du bist mir sehr wichtig und ich möchte dich als Mensch in meinem Leben nicht missen.«

Doch, wie anzunehmen war, hatte Daniel daran kein Interesse.

Nachdem ich dieses unangenehme Gespräch hinter mir hatte, fühlte ich mich befreit. Und insgeheim dankte ich Blondie für ihren Auftritt, der mein Schlussmachen überhaupt erst in die Wege geleitet hatte. So hatte ich nicht mal ein schlechtes Gewissen und war mir fast sicher, dass Daniel sogar ebenfalls dankbar gewesen sein musste.

Erst Wochen nach unserer Trennung erfuhr ich, dass Blondie nicht Daniels Neue, sondern seine Cousine gewesen war.

26

Das sind fünf Jahre

Greta (45), Bürokauffrau, Hamburg,
über
Andy (40), Immobilienkaufmann, Hamburg

Ich habe den siebten Sinn. Viele Frauen behaupten, sie hätten ihn. Ich bin auch der Überzeugung, dass jede Frau ihn besitzt, aber nur bedingt in der Lage ist, ihn einzusetzen. Denn viele Frauen vertrauen jedem dahergelaufenen Typen. Sie glauben ihm, wenn er sagt, dass er sie liebt, sie glauben ihm, wenn er sagt, er müsse länger arbeiten. Sie glauben einfach, ihr Mann sei eine Ausnahme.

Doch dieses blinde Vertrauen birgt eine Gefahr. Die Gefahr, dass man hintergangen wird.

Wenn mich irgendjemand gelehrt hat, den siebten Sinn niemals – egal wie verliebt man auch sei – zu ignorieren, dann war das Andreas.

Als ich Andreas kennenlernte und ein Interesse an ihm entwickelte, war er noch in einer Beziehung. Aber oh, die Beziehung lief ja so schlecht und seine Freundin war ja ein solches Biest! Geschichten über Geschichten hatte Andy auf Lager und alle zielten nur darauf ab, mich zu blenden, mich denken zu lassen, er sei der, den es zu bemitleiden galt. Und ich fiel herein auf seine Masche. Dabei war er der Arsch, der sich mit anderen Frauen traf, während seine Freundin von nichts wusste. Er war derjenige, der log, betrog und hinterging. Aber alles, was ich sah, war ein Mann, der gerettet werden musste, der förmlich nach meiner Hilfe und der Wärme meines großen Herzens schrie.

Und ich schenkte ihm mein großes Herz, als sei es nichts wert, so offen war ich für ihn und so sehr vertraute ich ihm. Als er es dann bekommen hatte, begann Andy jedoch, es langsam aufzuessen. Löffel für Löffel.

So wie er seine Ex betrogen hatte, so betrog er auch mich. Immer öfter und dann stetig.

Anfangs kapierte ich das nicht. Ich glaubte ihm alles. Dem armen kleinen Andy, dem hilflosen. Er durfte einziehen, er durfte einen Kredit auf meinen Namen aufnehmen und sein Auto auf mich anmelden. Kein Problem, Andy, kein Ding, mach ich gern, ich liebe dich auch.

Doch das Ganze war ein Verlustgeschäft. Dieser Mann hatte es nicht nötig. Nie. Das Wort »danke« war ihm fremd. Er setzte seinen Willen immer durch. Und jeder Anflug von Gegenwehr wurde mir übel genommen, mir hinterhergetragen wie ein lästiges Päckchen. Hatte ich nichts zu essen für ihn gekocht, war er sauer. Machte ich nicht, was er wollte, sagte er nur: »Dann eben nicht«, drehte sich um und kehrte eine lange Zeit nicht zurück.

Immer öfter war Andy nicht zu Hause. Und war er es, war nicht sicher, wie lange er es sein würde. Ein Handy besaß ich nicht. Und so wartete ich den ganzen Tag darauf, dass er mich auf dem Festnetz anrufen würde. Ich bewachte das Telefon, traute mich kaum zu duschen und schon gar nicht vor die Tür, aus Angst, ich könnte seinen Anruf verpassen.

Und kam er zur Tür herein, aß und setzte sich danach neben mich auf die Couch, machte mich selbst das irgendwann nervös. Denn es konnte immer passieren, dass er aufstand und wieder ging. »Geschäftlich«, sagte er dann. Alle seine Aktivitäten waren »geschäftlich«. Das war seine Standardausrede für jedes Verschwinden aus unseren vier Wänden.

Allein sein Verhalten sperrte mich zu Hause ein, Andy brauchte nicht einmal ein Schloss dafür. Wollte ich ihn sehen, dann musste ich mich allzeit zu Hause aufhalten. Allzeit bereit dafür, dass der Mann von Welt mich mit seiner Anwesenheit und seiner kostbaren Zeit beglückte. Und darauf wartete ich. Darauf wartete ich Stunden, Tage und Nächte. Währenddessen trieb Andy sich herum und es mit anderen Frauen.

Anfangs bekam ich davon nichts mit. Das System Andy war nicht sofort durchschaubar. Er fing ganz langsam damit an, doch trainierte mich mit einer Ausdauer, die einem Leistungssportler glich. Und nach ein paar Jahren an seiner Seite war Andy für mich ein offenes Buch. Es konnte wochenlang super zwischen uns laufen. Es konnte sein, dass er eine lange Zeit jeden Abend zu mir kam. Doch das Tier in ihm wartete nur, wartete auf geeignete Beute. Und war die in Sicht, veränderte er sich. Er duschte regelmäßig anstatt nur wenn nötig. Verwendete Parfüm, bevor er das Haus verließ. Das Handy legte er nicht mehr aus der Hand und war ich mit dem Hund draußen, konnte ich ihn durch das Fenster beobachten, wie er blitzschnell nach dem Handy griff und zu tippen begann.

Wirklich schlau im Verstecken seiner Liebeleien war er nicht.

Doch Beweise waren diese Anzeichen noch lange nicht. Beweise hat man erst, wenn man jemanden in flagranti erwischt. Vorher kann man sich noch gut selbst verarschen:

> *Ein drittes Mal fragte ich: »Wo warst du?« »Wenn du weißt, wo ich war, dann weiß ich nicht, warum du mich überhaupt fragst«, antwortete er genervt.*

»Ach nein, der ist bestimmt nur bei seinen Kumpels«, »Nee, der achtet vielleicht einfach wieder mehr auf sich, weil er einen wichtigen Termin hat«, »Ach, Greta, die Zeit mit dir möchte er einfach nicht mit unwichtigen SMS verschwenden, deshalb schreibt er sie, wenn du mit dem Hund rausgehst.« Diese Strategie klappte wunderbar.

So konnte ich wunderbar ignorieren, dass Andy mir immer weniger in die Augen schauen konnte. Doch die Frau, deren Auto er reparieren sollte, konnte ich nicht ignorieren. Sie schaute ihn auf diese besondere Art an und er flirtete sogar vor meinen Augen mit ihr. Ich schaute mir ihr Nummernschild genau an und speicherte ihren Wohnort gedanklich ab.

Das Gefühl, dass er etwas mit dieser Frau haben könnte, ließ mich nicht mehr los.

Ich schnüffelte seine Unterwäsche nach fremden Gerüchen ab, ich kontrollierte sein Handy, sobald ich es in die Finger bekam. Und schlussendlich setzte ich mich eines Mittags ins Auto, stellte die Kilometerzahl auf Null und fuhr zu dem Wohnort dieser unbekannten Frau. 15 Kilometer waren es von uns bis zu ihr. Also 30 Kilometer für Hin- und Rückreise.

30 Kilometer, 30 Kilometer. Immer, wenn es die Gelegenheit gab, kontrollierte ich den Kilometerstand von Andys Auto. Und war er nachts unterwegs gewesen, dann war er auch meistens tatsächlich diese 30 Kilometer gefahren.

Doch auch das bewies nichts. Es gab mir keine Garantie dafür, dass er fremdging, und so tappte ich weiterhin im Dunkeln, schlief schlecht und hörte auf zu essen.

Bis ich eines Nachts wach wurde. Ich wurde wach und wusste, dass er bei der anderen war. Ich stieg in mein Auto und fuhr los, fuhr die 15 Kilometer zu ihrem Wohnort. Mein Gefühl führte mich durch die Straßen und es dauerte nicht lange, da entdeckte ich sein Auto.

> Er war derjenige, der log, betrog und hinterging. Aber alles, was ich sah, war ein Mann, der gerettet werden musste, der förmlich nach meiner Hilfe und der Wärme meines großen Herzens schrie.

Ich war wie betäubt. Hier war mein Beweis, hier war er. Ich starrte das Auto an. Minuten vergingen, sie flogen an mir vorbei, als hätten sie es besonders eilig. Die Sonne ging langsam am Horizont auf, als ich wieder zu mir kam.

Ich fuhr den Weg nach Hause. 15 Kilometer. Einen nach dem anderen, einen nach dem anderen. Ich verfluchte Andy, ich verfluchte mich. Hatte ich das wissen wollen? Wollte man wirklich wissen, dass man von seinem Freund betrogen wurde? Wollte ich mit ihm darüber reden? Oder es verschweigen?

Auch wenn ich damit gerechnet hatte, dass er mich hinterging, war ich davon betroffen. Ich legte mich ins Bett, aber an Schlafen war nicht zu denken. Immer wieder sah ich den Weg zu ihr vor meinem geistigen Auge. Ich sah die Bäume am Wegesrand, ich sah die aufgehende Sonne, ich sah sein Auto. Sein Auto, sein Auto, sein Auto. Es brannte sich unvergesslich in mein Hirn.

Ein Schlüssel wurde gezückt und ins Schloss unserer Wohnungstür gesteckt. Andy kam nach Hause. Betont bemüht um Ruhe schlich er durch die Wohnung, bis er es wagte, sich zu mir ins Bett zu legen.

»Wo warst du?«, fragte ich ihn.

»Unterwegs«, murmelte er.

»Wo warst du?«, fragte ich wieder.

Und wieder antwortete er: »Unterwegs.«

Ein drittes Mal fragte ich: »Wo warst du?«

»Wenn du weißt, wo ich war, dann weiß ich nicht, warum du mich überhaupt fragst«, antwortete er genervt.

»Ich hab dein Auto vor ihrer Tür gesehen«, sagte ich trocken.

»Ich hab sie nur nach Hause gefahren.«

So dreist log er mir ins Gesicht.

»Und seit wann muss man bei demjenigen übernachten, den man nach Hause gefahren hat?«

Noch ein paar jämmerliche Ausreden später war Andy es leid, über das Thema zu sprechen. Er zog für ein paar Wochen aus und dann wieder ein. Doch dieses Erlebnis beherrschte meine Sinne. Ab diesem Zeitpunkt konnte Andy erzählen, was er wollte, ich durchschaute ihn immer. So bekam ich heraus, dass er mit jeder seiner bisherigen Sekretärinnen geschlafen hatte. Und kam eine Neue, war klar, dass er auch mit dieser eines Tages schlafen würde.

Ein weiteres Indiz für sein Fremdgehen war, wenn er sein Handy immer öfter ausschaltete.

»Warum ist dein Handy ausgeschaltet?«, fragte ich dann.

»Ich war tanken.«

»Eine halbe Stunde? Wen willst du eigentlich verarschen?«

Seine Ausreden waren so dumm, dass ich mich oftmals fragte, ob auf meiner Stirn »Ich bin doof« zu lesen war.

> Ich hielt es keine Minute länger mit diesem Menschen aus, der mich hinterging und dazu auch noch der Meinung war, ich würde seine unkreativen Lügen brav schlucken.

Und auf irgendeine Weise war ich ja auch doof. Denn ich blieb bei ihm, fünf lange Jahre. Ich war nicht in der Lage, ihn zu verlassen. Ich war unglücklich, ich war unzufrieden und ständig allein. Doch das kannte ich mittlerweile und – so absurd das klingt – ich hatte mich daran gewöhnt. Das Alleinsein dagegen, das war ich nicht mehr gewohnt. Vielleicht war das sogar wesentlich schlimmer als die Beziehung mit Andy. Den Schmerz, den ich jetzt hatte, kannte ich, mit dem konnte ich umgehen. Doch was für Schmerzen würde mir das Alleinsein bereiten?

Also stark sein und mittendurch. Immer und immer wieder.

Bis er eines Tages eine Neue hatte. Eine neue Affäre, kein Mädchen für zwischendurch, keine Gespielin, sondern eine wirkliche Konkurrentin für mich. Nach kurzer Zeit hatte ich alles herausgefunden, was versteckt bleiben sollte: Sie hatte Geld und mir somit etwas Entscheidendes voraus.

Jung war Andy nicht mehr, jedoch brauchte er das Geld trotzdem. Ich roch die Fäulnis seines Vorhabens sofort. Er blieb immer öfter weg, bis er irgendwann nur noch kam, um saubere Klamotten anzuziehen. Deshalb war ich auch nicht weiter überrascht, als er eines Abends zu mir sagte: »Ich muss nächste Woche in die Türkei.«

»Warum?«, fragte ich wie beiläufig.

»Geschäftlich.«

»Wem willst du das denn erzählen? Du willst doch mit deiner Schnalle in Urlaub fahren«, sagte ich.

»Ist klar«, murmelte er nur.

»Warum wartest du denn bis nächste Woche?«, fragte ich nach. Ich konnte ihn nicht mehr davonkommen lassen und so tun, als ob ich seine Tour nicht begriff.

»Ich kann auch morgen fliegen.«

Ich drehte mich zum ersten Mal während dieses Gespräches zu ihm um, schaute ihm direkt in die Augen und sagte: »Warum erzählst du mir das? Du kannst gar nicht diese Woche schon fahren, weil ihr Sohn noch keine Ferien hat. Wen versuchst du eigentlich zu verarschen?« Ich kam langsam in Fahrt und fragte ketzerisch: »Warum ziehst du eigentlich nicht gleich zu ihr? Hier lebst du doch schon lange nicht mehr.«

Doch Andy war abgebrüht: »Gut, dann pack mir ein Täschchen.«

»Was, Täschchen?! Wenn du gehst, nimmst du gefälligst alles mit!«

»Und was, wenn ich zurückkommen möchte?« Er legte wieder die Unschuldsplatte auf: »Ich weiß, dass der Weg falsch ist, den ich gerade dabei bin zu gehen, aber ich muss ihn einfach gehen.«

Danach war die Diskussion für ihn beendet und er verließ die Wohnung.

Erst am nächsten Tag tauchte er wieder auf. Ich hatte die Zeit genutzt und alle seine Sachen gepackt, er musste sie nur noch ins Auto laden und gehen, endlich gehen. Ich hielt es keine Minute länger mit diesem Menschen aus, der mich hinterging und dazu auch noch der Meinung war, ich würde seine unkreativen Lügen brav schlucken.

Als er zur Tür hereinkam, fiel sein Blick sofort auf seine Sachen.

»Was ist das, Greta?«, fragte er mich.

»Das sind fünf Jahre, Andy«, erwiderte ich.

»Ich habe gesagt, du sollst mir nur ein Täschchen packen.«

»Ich möchte aber nicht, dass du wiederkommst. Wenn du meinst, du müsstest diesen Weg gehen, obwohl du jetzt schon weißt, dass er falsch ist, dann geh ihn, aber geh ihn allein. Ich werde in der Zeit anfangen, endlich wieder meinen zu gehen.«

Geknickt nahm er seine Sachen, ging zu ihr und kam nicht mehr wieder.

27

Dabei war ich endlich einmal glücklich

Jana (21), Studentin, Mainz,
über
Moritz (22), Student, Mainz

Ja, ich weiß. Es ist in und angesagt, heute den und morgen den zu lieben. Da bleibt man in Bewegung, da erlebt man was. Jaja, blabla. Ich bin nicht so ein Typ Frau. Für mich gab es, solange ich denken kann, nur den einen: Moritz.

Ich lernte ihn in der Schule kennen. Wir gingen zusammen in die achte Klasse. Eigentlich sollte er der erste Freund einer Freundin werden und war Bestandteil einer Kuppelaktion, die natürlich total in die Hose ging. Das Schlimmste daran war, dass *ich* mich in ihn verliebte. Wie oft habe ich mich für diese dumme Aktion selbst angeklagt. Denn Moritz fand kein Gefallen an mir und so blieb ich – unglücklich verliebt – auf der Strecke.

Lange sah es auch so aus, als ob sich daran niemals etwas ändern würde. Nach vier Jahren unglücklicher Liebe gab ich Moritz auf. Es hatte ja keinen Sinn. Wie viele Tränen hatte ich ihm hinterhergeheult, wie oft hatte ich versucht, mich ihm anzunähern. Vergeblich. Es half alles nichts. Es galt, ihn hinter mir zu lassen.

Es wäre besser, wir würden nur noch Freunde sein. Und so kam es auch. Wir wurden sogar richtig gute Freunde, sahen uns beinahe täglich und wuchsen mehr und mehr zusammen.

Hintergedanken hatte ich dabei nicht. Schließlich hatte ich mit Moritz abgeschlossen und war auch nicht bereit, ihm noch einmal hinterherzutrauern. Ich war froh, diese Zeiten endlich hinter mir gelassen zu haben.

Doch das Leben ist ungerecht. Denn je mehr Zeit Moritz mit mir verbrachte, umso mehr wandte er sich mir zu und ich bekam das Gefühl, dass er Interesse an mehr hatte. Zumindest vermutete ich es.

Eine Vermutung, die bald darauf bestätigt wurde.

Es war unsere Abschlussfahrt in der zwölften Klasse, die Moritz dazu nutzte, mir im betrunkenen Zustand mit einem Kuss zu zeigen, was er für mich empfand. Damit verwirrte er mich und ich war dann sogar diejenige von uns beiden, die den Sprung in eine gemeinsame Beziehung erst einmal verzögerte. Absurd, nachdem ich ihm jahrelang hinterhergelaufen war.

Beziehungen sind anfangs wunderschön. Auch die von Moritz und mir war das. Es lief perfekt zwischen uns. Alle Hindernisse konnten wir dank unserer Euphorie einfach überspringen.

Doch dann passierte etwas, womit niemand und am allerwenigsten ich selbst gerechnet hätte: Ich flog durchs Abitur. Mein Deutschlehrer verpasste mir aufgrund seiner Abneigung gegen mich und meinen Schreibstil null Punkte und ich war raus. Nur ein einziger Punkt hätte mir gefehlt. Aus und vorbei. Jana bekam kein Abitur. Dieses Erlebnis war unbeschreiblich schrecklich und einschneidend. Es änderte alles. Meine Pläne, meine Wünsche, meine Ziele. Nichts davon war ab diesem Zeitpunkt wie vorher. Mein Leben drehte sich an einem einzigen Tag um 180 Grad.

Alle meine Freunde hatten ihr Abitur bestanden. Moritz ebenfalls. Alle hatten Bock zu feiern. Moritz ebenfalls. Um ihm diesen Spaß und dieses einmalige Erlebnis nicht zu vermiesen, schluckte ich meinen Frust ungekaut herunter. Ich feierte, als hätte ich mein Abitur bestanden. Ich zog mein Ballkleid an, als hätte ich das Abitur bestanden. Ich tat generell einfach so, als hätte ich mein Abitur bestanden. Moritz hatte sowieso nicht mehr zum Thema zu sagen als: »Mach dir nichts draus, Süße. Das Leben geht weiter.«

Das Leben ging weiter, da hatte er recht. Doch es war nichts mehr wie vorher. Der Versuch, das Abitur auf der gleichen Schule nachzuholen, scheiterte kläglich nach wenigen Wochen. Ich konnte es nicht aushalten, wieder an diesem Ort zu sein. Alles, was ich versucht hatte zu verdrängen, schwemmte der Anblick der altbekannten Räume wieder hoch. Selbst die Lehrer ließen die Vergangenheit nicht ruhen.

»Das sollte dir aus dem letzten Jahr bekannt sein, Jana«

»Wo warst du denn im letzten Jahr? Mir scheint: nicht hier.«

»Du brauchst dich gar nicht über dein verpatztes Abi zu wundern.«

Hier konnte ich nicht bleiben. Also ließ ich die Schule hinter mir, zumindest als Schüler. Statt selbst die Schulbank zu drücken, ging ich wieder in die Grundschule: um ein freiwilliges soziales Jahr zu machen. Das bedeutete einen Sprung ins kalte Wasser, von ein bisschen Schulalltag zu acht bis neun Stunden harter Arbeit täglich. Ich fühlte mich jeden Abend wie tot. Erschlagen von dem Tag, fertig mit den Nerven, ständig müde und stets gereizt.

Moritz dagegen begann sein Studium, lernte neue Leute kennen, mit denen er viel feiern gehen und noch mehr erleben wollte. Ich bemühte mich sehr, mit ihm Schritt zu halten, doch häufig war ich einfach zu müde, um noch mit ihm um die Häuser zu ziehen. Nachdem ich mich einigermaßen an meinen täglichen Arbeitsalltag gewöhnt hatte, tauchte das nächste Problem auf:

> Es begann damit, dass ein neues Mädchen in unsere Clique kam. Sie war zwar nicht die Einzige, doch die einzig Erwähnenswerte. Denn sie war jung, schön und selbst ich fand sie anfangs unfassbar süß.

der neue Freund meiner Mutter. Moritz war so gut wie bei uns eingezogen und bekam den Streit, der anschwoll wie ein langsam wachsendes Geschwür, tagtäglich mit. Erst den Streit, dann meine Tränen, dann wieder den Streit und im Anschluss wieder die Tränen.

Rückblickend muss die ganze Situation mehr als bedrückend für ihn gewesen sein und ich glaube, auch jeder andere Kerl hätte mich zu diesem Zeitpunkt schon längst verlassen. Doch Moritz war nie ein Mann der großen Worte. Solange es ging, ging er einem Gespräch aus dem Weg. Gab es etwas zu klären, war ich die Rednerin und er der stille Protokollant, der nichts beizutragen hatte als das Kratzen des Stiftes auf dem Notizblock. Und verlangte ich eine Antwort, gab es die Auswahl zwischen »Keine Ahnung«, »Was soll ich jetzt dazu sagen?« oder stummem Wandanstarren. So kam es oft vor, dass ich zwei Stunden lang monologisierte und er nicht mal auf fünf Sätze kam.

Um dem Ganzen noch eins draufzusetzen, nahm meine Lust auf Sex ab, sodass manchmal mehr als ein Monat verstrich, bis ich wieder mit ihm schlief.

Doch er verließ mich nicht. Erst mal zumindest nicht.

Nach dem sozialen Jahr ging ich – ein letzter Versuch – wieder als Schülerin zur Oberstufe, um endlich mein Abitur nachzuholen. Ich zog von meiner Mutter zu meinem Vater. Und Moritz zog mit.

Hätte mich jemand in diesen Stunden gefragt, wie es mit Moritz und mir liefe, ich hätte unsere Beziehung in den höchsten Tönen gelobt. Es war so gut wie schon lange nicht mehr.

Irgendwann weitete sich das Pech, das ich in der Schule und wegen meiner familiären Probleme hatte, auch noch auf meine Beziehung aus. Natürlich konnte auch die nicht immer und ewig gut laufen.

Es begann damit, dass ein neues Mädchen in unsere Clique kam. Sie war zwar nicht die Einzige, doch die einzig Erwähnenswerte. Denn sie war jung, schön und selbst ich fand sie anfangs unfassbar süß. Ich schwärmte regelrecht von dem Mädchen aus Zucker, wie ich sie nannte.

Bis sie mein Grundstück betrat.

Oft war Moritz mit meinem Auto unterwegs. So auch an diesem Tag. Ich dagegen wollte mir einen schönen Tag mit einer guten Freundin machen, Kaffee trinken, shoppen, die Zeit vergehen lassen, ohne auf die Uhr schauen zu müssen.

Doch Moritz wollte mir das anscheinend nicht gönnen. Erst rief er an und wollte wissen, was ich machte und wie lange ich das tun würde. Im gleichen Gespräch fragte er mich dann auch noch, ob es okay sei, wenn er, sein bester Freund Stefan und das Mädchen aus Zucker zusammen in den Biergarten gingen.

Stirnrunzeln: »Seit wann fragst du mich denn um Erlaubnis? Go on, Moritz, hab einen schönen Tag. Ich weiß nicht, wann ich zurückkomme, doch könntest du mich später vom Bahnhof abholen?«

Wie erwartet war meine Bitte für Moritz kein Problem. Wir legten auf.

Eine Stunde später hatte ich ihn dann wieder am Ohr.

»Kommt ihr denn auch noch in den Biergarten?«, fragte er mich. Leicht genervt sagte ich: »Das weiß ich nicht. Wir hören uns später« und legte auf.

Später kam und der Heimweg stand an. Als Moritz ans Handy ging, sagte er, er habe gerade ein Bier bestellt, würde aber sofort kommen, um mich zu holen.

»Ach, nein, ich komm schon nach Hause«, erwiderte ich. Doch er war fast nicht davon zu überzeugen. »Ist doch auch für Stefan und das Zuckermädchen blöd, wenn du jetzt sofort aufspringst, um mich abzuholen«, startete ich den letzten Versuch, bevor ich nachgab.

»Stefan?«, drang es von der anderen Seite des Hörers an mein Ohr. »Der ist gar nicht mitgekommen, hab ich das nicht gesagt?«

Mein Freund saß also schon den ganzen Tag mit dem Mädchen aus Zucker im Biergarten.

In Sekundenschnelle war ich auf 180: »Wie bitte? Also wenn die Kleine so weitermacht, ist sie bald die Number one auf meiner roten Liste.«

Streitgespräch, Beschwichtigung und schlussendlich geglättete Wogen folgten auf dieses Telefonat. Erst mal.

Bis ich herausfand, dass mein Freund mit dem Mädchen aus Zucker eine Nacht in ein und demselben Zelt verbracht hatte. Und alles nur, weil Stefan auf dem Festival (dem Ort des Geschehens) ein Mädchen mit in Moritz' und sein gemeinsames Zelt nehmen musste.

Das Zuckermädchen bedrohte unsere Beziehung und wurde mir zum Dorn im Auge. Doch selbst dieser Umstand konnte nichts daran ändern, dass mein Leben sich langsam zum Guten wendete. Ich machte mein Abitur, das Zusammenleben mit meinem Vater klappte ausgezeichnet und ich fühlte mich wie befreit. Endlich. Endlich würde mein Leben anfangen, endlich konnte auch ich meinen Weg gehen. Die depressiven Jahre waren vorüber, jetzt würde ich durchstarten.

Moritz und ich flogen zusammen nach Mallorca, um Urlaub zu machen. Es war der schönste Urlaub, den ich jemals mit Moritz verbrachte. Jedes Mal wenn ich einatmete, wurde das befreiende Gefühl in mir stärker. Jede Sekunde, die verging, streichelte meine Seele gesund. Ich schlief sogar wieder mit Moritz. Es war regelrecht spürbar, wie alles wieder gut wurde.

Vier Wochen später stand Moritz am Morgen auf, um seinem Nebenjob nachzugehen. Es war Wochenende und schlechtes Wetter, also blieb ich liegen. Ich machte mir einen gemütlichen Tag im Bett, schaute fern, las ein Buch und ließ es mir gut gehen. Hätte mich jemand in diesen Stunden gefragt, wie es mit Moritz und mir liefe, ich hätte unsere Beziehung in den höchsten Tönen gelobt. Es war so gut wie schon lange nicht mehr.

Als er also an jenem Tag von der Arbeit kam, legte er sich nicht zu mir, gab mir keinen Kuss, sondern nahm am unteren Bettende Platz.

»Ist alles klar?«, fragte ich ihn.

»Ja«, sagte er und begann, mein Bein zu streicheln, dann meinen Fuß zu massieren und ihn zu küssen. Das kam mir seltsam vor.

»Was ist los, Moritz«, fragte ich ihn wieder. Er hat mein Auto zu Schrott gefahren, er hat sicher mein Auto zu Schrott gefahren, ging es mir durch den Kopf. Ich konnte mir sein seltsames Verhalten nicht anders erklären.

Erst fing er an zu lachen. Er lachte so laut, dass es mir in den Ohren wehtat. Und genauso plötzlich wie sein Lachen begonnen hatte, hörte es wieder auf. Es ging in Weinen über. Er weinte so sehr, er kriegte sich gar nicht mehr ein.

Die Worte, die dann folgten, presste er unter großer Anstrengung hervor.

»Ich bin weg, Jana, das mit uns funktioniert nicht mehr.«

Ich schaltete sofort. »Ist es wegen einer anderen?«, fragte ich trocken, ohne einen Anflug von Emotionen.

»Nein, ist es nicht«, sagte er einmal und als ich weiterbohrte immer und immer wieder: »Nein, keine andere, Jana.«

Ich verstand die Welt nicht mehr. Ich hatte es nicht mal annähernd kommen sehen. Dabei lief doch gerade alles kreisrund.

Wie selbstverständlich hatte Moritz an diesem Tag mein Auto genommen, um zur Arbeit zu fahren, hatte dreist den Tank leer gefahren, gearbeitet und darüber nachgedacht, wie er Schluss machen würde. Währenddessen hatte ich nichts ahnend im Bett gelegen und war endlich einmal glücklich gewesen.

Nicht lange nach unserer Trennung erfuhr ich, dass Moritz und das Mädchen aus Zucker eine Beziehung führen. Bis heute.

28

Ich will frühstücken, nicht diskutieren

Janosch (37), Eventmanager, Köln,
über
Marta (37), Lehrerin, Köln

Wenn man studiert und alles selbst finanzieren muss, landet man oft in höchst fragwürdigen Jobs. Der allerfragwürdigste Job von allen ist meiner Meinung nach die Telefonakquise. Den ganzen Tag sitzt man in einem Büro mit tausend anderen Mitleidenden. Man ruft Menschen an, um ihnen Dinge anzudrehen, die sie meistens nicht brauchen. Man verarscht die Leute, die sich verarschen lassen, und wird verarscht von denen, die es besser wissen. So kommt es oft vor, dass man angepöbelt, der Hörer einfach aufgeklatscht wird und allein das »Tut-tut« in der Leitung zurückbleibt.

Dieser Job kann einen auffressen. Wenn den ganzen Tag lang die Leute einfach aufgelegt haben, einen angeschrien und beleidigt haben. Oder wenn man dem Leistungsdruck, der durch die Konkurrenz zu den anderen Mitarbeiter entsteht, nicht gewachsen ist. Wenn man abends nicht schlafen kann, weil man nicht eine schäbige Sache verkauft hat.

Aber dieser Job macht einen auch fertig, wenn man gut darin ist. Dann frisst er einen sogar meistens noch schneller auf. Wenigstens solange man noch einigermaßen normale Moralvorstellungen und ein Gewissen besitzt.

Was einen das aushalten lässt? Kollegen. Natürlich auch die Provision. Aber vor allem die Kollegen. Die, die mal einen Spaß machen. Die, die einen trösten und motivieren weiterzumachen.

Marta war keine von diesen Kollegen. Sie war erschreckend ernst und arbeitete wie ein Roboter. Gefühllos. Mechanisch. Und irgendwie passte sie damit genau in diese Branche, diesen Beruf und auf ihren Platz. Dabei wollte Marta Lehrerin werden.

Irgendwann war es so weit und Marta belohnte mich, indem sie sich mir hingab. Doch im Nachhinein musste ich feststellen, dass wir geistig um einiges besser harmonierten als körperlich. Sie blieb beim Sex sehr bei sich. Wie bei allem.

Diszipliniert bis in die Zehen war diese Frau, die Kate Moss zum Verwechseln ähnlich sah. Ihr Gesicht war zart und hart zugleich, alles an ihr strahlte etwas Geheimnisvolles aus. Marta war extrem heiß. Auch ihre Ernsthaftigkeit tat dem keinen Abbruch. Das machte sie für mich nur noch heißer. Immer wieder sprachen wir miteinander und verstanden uns gut. Sie war äußerlich schön, hatte aber auch innere Tiefe. Solche Frauen sind selten und meistens arg verschroben. Keiner erwartet von einer hübschen Frau, dass sie auch denken kann. Doch mich schreckte das nicht ab. Ich war ihr in vieler Hinsicht gewachsen und war ich es einmal nicht, nutzte ich mein größtes Talent: so tun, als sei ich es.

Eines Tages belohnte Marta mich damit, dass sie mich mit zu sich nahm. Sie hatte mir diese Entscheidung ohne Umschweife mitgeteilt: »Du kommst heute mit zu mir.«

Zusammen gingen wir den Weg zu ihrer Wohnung, die in einer Straße lag, die ich noch heute meide. Als ich das erste Mal Martas Wohnung sah, dachte ich nur: Passt! Neben ihrem

Lehramtstudium malte Marta Bilder mit Ölfarben. Und ihre Bilder waren richtig gut. Abstrakt und mit verschiedensten Wischtechniken. Marta klatschte ihren Schlüssel auf eine Kommode nahe der Tür und schon kam eine Tricolorkatze um die Ecke gerannt. Alles an Marta war geheimnisvoll.

Natürlich wollte ich mit ihr schlafen. Doch das war gar nicht so einfach. Marta gab mir nur Sex, nachdem sie stundenlange tiefsinnige Gespräche mit mir geführt hatte. Oft sprachen wir über Immanuel Kant, denn der war total ihr Ding. Freier Wille und der Kategorische Imperativ: »Was du nicht willst, das man dir tu …« und so weiter und so fort. Gähnend langweilig und extrem anstrengend, wenn man Stunden über so was reden muss, nur um eine Frau ins Bett zu bekommen.

Aber auch das brachte mich nicht von meinem Ziel ab, mit dieser außergewöhnlich schönen Frau zu schlafen.

Ich war Marta vom ersten Tag an hörig. Sie hätte auch nichts anderes zugelassen. Wir rauchten und tranken extrem viel während unserer Gespräche. Egal wie besoffen ich schon war, wenn Marta Wein wollte, holte ich ihn ihr.

Einmal taumelte ich total breit über die Straße zu dem griechischen Restaurant, das gegenüber von Martas Haus lag, und blamierte mich bis auf die Knochen. Selbst nach fünf Wiederholungen hatte ich dem Kellner nicht erklären können, was ich eigentlich von ihm wollte. Dass ich sogar noch eine Flasche Wein bekam, glich einem Wunder.

Irgendwann war es so weit und Marta belohnte mich, indem sie sich mir hingab. Doch im Nachhinein musste ich feststellen, dass wir geistig um einiges besser harmonierten als körperlich. Sie blieb beim Sex sehr bei sich. Wie bei allem.

Wir trafen uns bald regelmäßig. Zwischen uns entwickelte sich eine Beziehung, die mir gefiel und die ich aufrechterhalten wollte. In gewisser Weise machte mich Marta mit ihrem undurchsichtigen Charakter von ihren Launen abhängig. Mal war sie gut gelaunt und halbwegs offen, dann wieder cholerisch, aggressiv und herrisch.

In keinster Weise ließ sie zu, dass ich sie hinterfragte. Und sie zeigte mir nie, dass sie mich mochte.

Selbst als die Sache zwischen uns, zumindest für mich, ernsthafte Züge annahm, traf sie sich noch mit ihrem damaligen Exfreund. Das passte mir nicht. Gar nicht. Also fragte ich sie eines Abends zögerlich und vorsichtig: »Marta, warum triffst du eigentlich immer noch deinen Exfreund?« Das war keine falsche Frage zu einem falschen Zeitpunkt, denn den richtigen Zeitpunkt gab es in Martas Leben eh nicht. Sofort, als hätte sie schon lange auf diese Frage gewartet, herrschte sie mich an: »Ey, Janosch, wenn's dir nicht passt, geh!« Thema beendet.

Mein Studium nahm ein Ende und mein Job bei der Telefonakquise auch. Ich verließ Köln und ging drei Monate lang aus beruflichen Gründen nach Hannover. Als ich Marta dies mitgeteilt hatte, zuckte sie bloß mit den Schultern und als ich sie eines Morgens fragte, ob wir uns in dieser Zeit sehen würden, antwortete sie nur genervt: »Janosch, ich will frühstücken, nicht diskutieren.«

Zunächst hielten wir in der Zeit, als ich in Hannover war, nur sporadisch Kontakt. Doch nach einer Weile wurde Marta fast schon anhänglich. Die Ferne und dass ich nicht mehr unmittelbar verfügbar für sie war, schien sie etwas aufzutauen. Weich wurde sie nie. Doch ich wurde wieder interessanter für sie.

Eines Tages war ich zufällig in Köln, weil ich dort spontan einen Auftrag angenommen hatte. Natürlich dachte ich an Marta, also schrieb ich ihr: »Können wir uns sehen?« Mittlerweile lagen zwei Monate ohne großartigen Kontakt hinter uns.

Sie war immer noch genauso schön wie zuvor. Aber sie war auch immer noch genauso aggressiv und verschlossen wie zuvor. Diese Begegnung schmeckte wie kalter Kaffee. Ich hatte mich durch die Sehnsucht während der Zeit unserer räumlichen Trennung täuschen lassen. Ja, ich hatte mich auf sie gefreut, ich wollte sie sehen. Als sie dann aber vor mir stand, wurde mir klar, dass Marta eine immerwährende Baustelle war. Egal an welcher Ecke ich anfing zu arbeiten, an einer anderen krachte im selben Moment alles zusammen. Marta blies jede meiner Bemühungen davon.

Wir verbrachten die Nacht miteinander. Ich schlief ein letztes Mal mit Marta. Ich streichelte ihre weiche Haut, fuhr mit meinen Händen durch ihr Haar und hielt sie im Arm, auch wenn sie sich erst dagegen wehrte.

Am nächsten Morgen wurde ich früh wach. Ich setzte mich an die Bettkante, um Marta besser beim Schlafen beobachten zu können. Wie ein Engel lag sie dort und schlief sanft, ihr Brustkorb hob sich beim Atmen fast unmerklich. So friedlich war sie leider nur, wenn sie schlief.

Zwar war ich in Marta verliebt, doch als ich sie an diesem Morgen beobachtete, wurde mir klar, dass diese Frau mich niemals glücklich machen würde. Egal wie sehr ich mich um sie bemühte, sie konnte einfach nicht zulassen, dass sich etwas Richtiges zwischen uns beiden entwickelte. Es gab keine Zukunft für uns. Mit ihrer Art hatte sie mir nicht ein einziges Mal gutgetan, es war mir nie gut mit ihr gegangen.

Ich steckte mir eine Zigarette an und verabschiedete mich stumm von Marta. Mir war klar, dass ich nie wiederkommen würde. Diese letzten Momente mit ihr zogen sich wie Stunden dahin. Meine Entscheidung durchblutete mich positiv und machte mich doch zugleich traurig.

Sie bekam nicht mit, als ich die Tür leise hinter mir zuzog. Bis heute habe ich sie nie wieder gesehen.

29

Nimm's nicht so ernst

Marlon (23), Verkäufer, Kassel,
über
Kathrin (25), Verkäuferin, Kassel

Was schlimmer ist, als einer Exfreundin zu begegnen? Einer Exfreundin jeden Tag zu begegnen! Deshalb von mir der Tipp: Niemals etwas mit einer Arbeitskollegin anfangen. Don't fuck the company und was weiß ich, welche Sprüche einen noch davon abhalten wollen. Nehmt sie ernst! Ich spreche aus bitterer Erfahrung.

Einen Tag arbeitete ich erst mit Kathrin zusammen. Und damals war ich noch naiv. Wow, ist die hübsch, dachte ich, als ich sie sah: extrem kurze Jeansshorts, Ausschnitt bis zum Bauchnabel, umwerfend sexy gekleidet. Ich dankte Gott für diesen Augenschmaus. Dass sich hinter ihrer wunderschönen Fassade ein solches Biest versteckte, war mir nicht klar gewesen.

Ich beobachtete sie, sprach jedoch kein Wort mit ihr. Als es zum Feierabend klingelte, hatte sie schon längst ihre Sachen zusammengepackt, flanierte im Gang vor meinem Platz auf und ab, blieb dann abrupt stehen und drehte sich zu mir um.

»Dein Parfüm gefällt mir, riecht gut.«

Ich starrte ihr nur mit offenem Mund hinterher, unfähig, darauf zu reagieren, und kam mir danach ziemlich blöd vor.

So schnell hatte mich Kathrin also um den Finger gewickelt.

Damals war sie noch die Freundin eines Vorgesetzten. Deshalb wagte ich nicht einmal zu träumen, was ich dann später tatsächlich noch alles mit Kathrin erleben sollte.

Schon kurz nachdem Kathrin in meine Abteilung gekommen war, fingen wir an, miteinander übers Intranet zu chatten. Wir schrieben einander täglich, scherzten und rutschten irgendwann auch in sexuelle Themen ab, bis wir einander unsere intimsten Wünsche erzählten.

Spitz wie Nachbars Lumpi ging ich nach der Arbeit nach Hause und sie ging zu ihrem Freund. Oft stellte ich mir vor, wie Kathrin diese noch vor wenigen Minuten mir anvertrauten Wünsche mit ihm umsetzen würde.

Es kam ein Samstag, an dem ich nichts vorhatte. Ich jammerte also bei der Arbeit, dass alle meine Kumpels was Besseres zu tun hätten und ich den Abend gezwungenermaßen alleine hinter mich bringen müsste.

Am selben Abend klingelte es gegen 22 Uhr an meiner Haustür. Ich öffnete und da stand Kathrin vor mir.

»Ich bin auf dem Weg zu einer Party und wollte fragen, ob du vorher ein Bier mit mir trinken möchtest?«, fragte sie augenklimpernd. Klar wollte ich das. Sie reichte mir ein Bier und ich schloss die Tür hinter mir.

Kathrin trug die engsten Jeans, die ich jemals gesehen habe, Stiefel, ein schwarzes, ihre Rundungen perfekt in Szene setzendes Oberteil und hatte sich dunkel geschminkt.

Während wir das Bier tranken, stützte sie sich lasziv mit einem Bein an der Hauswand ab und flirtete, dass mir schwindelig wurde. Dabei strich sie unentwegt mit einer Hand über ihren rechten Oberschenkel. Rauf, runter, rauf, runter. Es hatte fast etwas Hypnotisierendes, ich war nicht in der Lage wegzuschauen.

Die Bierflaschen leerten sich und Kathrin ging direkt darauf zur Party.

Zwei Wochen später kam sie zum Geburtstag eines Kumpels, zu dem ich sie eingeladen hatte. Am Eingang begrüßte ich sie und wir tranken zwei Cocktails, doch dann überließ ich sie der Menge, der sie sich spielend anpasste. Ich war verzaubert von ihr. Sie schien, perfekt zu mir zu passen. Wir verstanden uns mühelos, scherzten und lachten über dieselben Witze. Dazu sah diese Frau einfach unfassbar gut aus. Das Kribbeln in meinem Bauch wurde mit jedem Mal, das ich sie sah, stärker.

Der Abend ging langsam zu Ende und die ersten Müdigkeitsanzeichen waren Kathrin ins Gesicht geschrieben.

»Soll ich dich nach Hause begleiten?«, fragte ich sie, während ich ihr den Arm um die Schulter legte.

»Das wäre so lieb von dir«, schnurrte sie an meiner Brust, an die sie sich bereits dankend angelehnt hatte.

Vor der Tür zur Wohnung ihres damaligen Freundes (meinem Vorgesetzten, um das noch mal zu betonen) küssten wir uns zum ersten Mal. Ganz die Tatsache vergessend, dass Kathrin bereits vergeben war, hätte ich die Welt umarmen können. Dabei hätte mir genau das damals schon ein Warnzeichen sein müssen.

Die Spannung zwischen uns baute sich weiter auf. Das Versteckspiel bei der Arbeit begann, schwieriger zu werden. Kathrin bereute nichts, absolut gar nichts. Nicht ein Mal ließ sie verlauten, dass das, was wir taten, unfair sei. Stattdessen trieb sie das Rad voran. Und ich lief dem Rad hinterher.

> Ich dankte Gott für diesen Augenschmaus. Dass sich hinter ihrer wunderschönen Fassade ein solches Biest versteckte, war mir nicht klar gewesen.

Am nächsten Wochenende küssten wir uns fast wie selbstverständlich in einer Bar, hörten auf dem Heimweg erst recht nicht auf und im nahe gelegenen Park konnten wir uns kaum noch zurückhalten.

Weil das Risiko, in Kassel erwischt zu werden, proportional zum Abnehmen unserer Berührungsängste stieg, fuhren wir am darauffolgende Tag nach Göttingen. In Göttingen aus dem Auto gestiegen, wurden Kathrin und ich zum Pärchen. Wir hielten Händchen, küssten uns bei jeder sich bietenden Gelegenheit und hatten einen traumhaften Abend. Später im Auto waren wir beide ganz ruhig, sie hatte die Hand auf mein Bein gelegt.

»Hast du Hunger?«, fragte ich sie, weil ich nicht wollte, dass der Abend, sobald wir in Kassel ankämen, schon wieder zu Ende wäre. Er sollte ewig weitergehen.

»Ein bisschen, ja«, sagte sie und schenkte mir ein zauberhaftes Lächeln. Ich besorgte etwas zu essen und fuhr mit ihr zu einem Aussichtspunkt, um ganz Kassel überblicken zu können. Die romantische Atmosphäre brachte uns schnell in Stimmung. Ich schlief in dieser Nacht zum ersten Mal mit Kathrin. Am nächsten Morgen sprang der Wagen nicht an. Wir hatten die ganze Nacht das Radio laufen lassen. Kathrin und ich konnten uns fast nicht mehr einkriegen vor Lachen.

Mit ihrem Freund machte sie Schluss. Auf der Arbeit ließen wir uns nichts anmerken. So viel Anstand hatte sie anscheinend. Doch privat sahen wir uns immer öfter. Sie schlief bei mir und mit mir, nistete sich ein in meinem Zuhause sowie in meinem Herzen. In diesem Rhythmus gingen zwei Monate vorbei, die wahnsinnig schön waren und meine Gefühle für Kathrin vertieften.

Doch dann kam das Weihnachtsgeschäft und mit ihm der Stress. Kathrin und ich waren beinahe rund um die Uhr im Einsatz und danach nur noch müde. Fast 30 Tage hatten wir keinen engeren Kontakt, abgesehen davon, dass wir uns bei der Arbeit sahen. Das straffe Band, das uns vorher vereinte, wurde mit jedem weiteren Tag, an dem wir uns nicht nah sein konnten, lockerer. Das war keine Kindergartenkrise, sondern eine, die unter die Haut ging. Es machte mich fertig, sie nicht privat sehen zu können, sie fehlte mir, auch wenn ich abends nur noch kaputt ins Bett fiel. Wenn sie wenigstens nachts neben mir gelegen hätte, doch das lehnte sie ab. Wer weiß, in welchen Betten sie sich zu dieser Zeit schon herumtrieb. Bereits da ahnte ich dunkel, dass mit Kathrin und mir nicht alles in Butter sein konnte. Dennoch schaffte ich es irgendwie, meine Zweifel wegzuwischen.

Silvester feierte sie natürlich auch lieber mit ihren Freundinnen, während ich an dem Abend alleine vor dem Fernseher saß.

Aber das neue Jahr begann besser, als das alte aufgehört hatte. Kathrin und ich schafften es, uns wieder anzunähern. Wir gingen gemeinsam laufen, Minigolf spielen, Cocktails trinken. Es sah aus, als ob wir uns schlussendlich doch zu einem normalen Paar entwickeln würden. Doch immer wieder zerstörte sie diese Ruhe unserer Beziehung, indem sie ausbrach, um einige Tage allein zu verbringen. Sie wolle ihre Ruhe haben. In

Sie ließ die Bombe so eiskalt platzen, als sei ich ihr völlig egal, als sei alles, was sie mit mir erlebt hatte, total egal. »Nimm's nicht so ernst, Marlon. Das Leben ist kein Ponyhof, so was passiert nun mal im Leben.

Wirklichkeit wollte sie wohl Ruhe vor mir haben. Unseren ersten Urlaub verbrachten wir komplett zusammen, fuhren nach Frankfurt, um einkaufen zu gehen, verstanden uns wunderbar und sie schlief fast jede Nacht in meinen Armen ein. Damit wiegte sie mich wieder mal in Sicherheit. Alles fühlte sich perfekt an. Ich erzählte jedem von dieser atemberaubenden Frau, die mein Herz gestohlen hatte.

Heute würde ich das Ganze gern zurücknehmen.

Auf Sonnenschein folgte Gewitter. Streit zog bei uns ein und machte sich breit. Ihre Zeit war auf einmal zu kostbar, um sie mit mir zu verbringen. Sie hatte nur noch Samstagnacht und den Sonntag Zeit für mich.

»Kathrin, wann verbringen wir mal wieder ein komplettes Wochenende miteinander?«

»Stress mich nicht, Marlon. Ich hab keine Lust, jeden Abend auf der Couch zu liegen.«

Doch nicht nur am Wochenende sahen wir uns immer weniger, auch bei der Arbeit wurde der Kontakt schwächer. Irgendwann schrieb sie mir überhaupt nichts Privates mehr.

Die Zweifel, die ich hatte, konnte ich nicht länger verdrängen.

Doch das Blatt wendete sich wieder. Kathrin beschloss, sich bei mir für ihre abweisende Haltung mit »Ich bin einfach ein schwieriger Mensch, aber es wird alles wieder gut« zu entschuldigen.

Warum ich das Ganze überhaupt noch mitmachte? Dieses Hin und Her der Gefühle? Zu diesem Zeitpunkt liebte ich sie schon zu sehr. Sie hatte meine ganze Familie kennengelernt, wurde zur Hochzeit meiner Schwester eingeladen und ich war wirklich bereit, mein Leben mit ihr zu teilen. Ich lernte im Gegenzug nur ihre Schwester kennen. Heute weiß ich: Kathrin war meine Offenheit nicht einen Moment wert gewesen. Ich plante bereits gemeinsame Konzertausflüge mit einer Vorlaufzeit von einem halben Jahr. Ich muss verrückt gewesen sein.

Der nächste Urlaub kam und auch dieser schien genauso schön zu werden wie der letzte. Als ob sie ihr Wort (»Alles wird wieder gut«) wirklich halten wollte.

An einem Dienstagabend kam sie vorbei, im Gepäck eine Flasche Sekt. Wir öffneten sie im Bett, tranken sie leer, bis zum letzten Tropfen. Das Gefühl von Vollkommenheit war wieder da und wir hatten in dieser Nacht den besten Sex, den ich jemals mit ihr erleben durfte.

»Ich bin so glücklich mit dir, alles fühlt sich so gut an, wenn ich in deiner Nähe bin«, flüsterte sie mir ins Ohr.

Ganz ungewöhnlich offen ließ Kathrin mich zum ersten Mal in ihr Leben sehen. Sie erzählte von ihrer Kindheit, von schlechten Zeiten und vertraute mir so vieles an, was ich bis zu diesem Zeitpunkt nicht von ihr gewusst hatte.

Dieser Abend war einfach der beste, den ich jemals mit Kathrin verbrachte.

Am Donnerstagabend verließ sie meine Wohnung, um ihre Karte für ein Konzert abzuholen, auf das sie am Freitag gehen wollte.

»Ich melde mich nachher bei dir«, sagte sie noch, als ich sie zur Tür brachte.

Der Freitag kam. Übers Internet machten wir aus, dass sie nach dem Konzert einfach zu mir kommen würde. Ich war noch auf der Geburtstagsparty eines Kollegen, schlich aber bereits um zwei Uhr nachts betrunken nach Hause. Um drei Uhr schrieb ich ihr übers Internet, wie glücklich ich mit ihr sei und dass ich sie liebe.

Vier Uhr.

Fünf Uhr.

Sechs Uhr.

Keine Spur von Kathrin. Erschöpft erlag ich der Müdigkeit.

Samstag meldete sie sich zwar, aber wimmelte mich gleich ab. Auf keine meiner Fragen bekam ich eine Antwort.

»Ich melde mich morgen«, sagte sie und legte wieder auf.

Ich hielt es nicht aus, irgendwas stimmte doch nicht. Ich setzte mich ins Auto und fuhr zu ihrer Wohnung, doch ihr Auto war nicht da. Wo trieb sie sich rum, während sie mich im Ungewissen ließ?

Es fühlte sich an, als sei die Zeit stehen geblieben. Als sie sich endlich am Sonntagabend meldete, hatte ich das Gefühl, es sei bereits ein ganzer Monat ins Land gegangen.

Ohne große Umschweife begann sie zu reden, als hätte sie einen Text auswendig gelernt: »Ich muss dir etwas sagen, ich habe Freitagnacht mit einem anderen Kerl geschlafen.«

Sie ließ die Bombe so eiskalt platzen, als sei ich ihr völlig egal, als sei alles, was sie mit mir erlebt hatte, total egal.

»Nimm's nicht so ernst, Marlon. Das Leben ist kein Ponyhof, so was passiert nun mal im Leben. Mach dir keine Gedanken, wir sehen uns bei der Arbeit«, und schon legte sie auf.

WIE BITTE? ICH SOLL ES NICHT SO ERNST NEHMEN????

Ich liebte diese Frau, ich habe niemals jemanden so nah an mich herangelassen, ich hätte alles für sie getan und ich sollte es nicht so ernst nehmen?

Mit diesen Worten verschwand Kathrin aus meinem Privatleben, wurde von meiner Freundin wieder zur Arbeitskollegin.

Heute habe ich zwar eine neue Freundin. Doch sie ist einfach nicht Kathrin ...

30

Das war wirklich ein wunderschöner Tag, aber ...

Bully (28), Student, Ilmenau,
über
Merle (24), Studentin, Ilmenau

Lange kannte ich Merle noch nicht, da stand der Valentinstag vor der Tür. Also sorgte ich vor, denn ich war an diesem besonderen Tag bereits in Köln verabredet und mal ehrlich, was ist wichtiger: Karneval in Köln oder der Valentinstag? Genau. Doch ganz übergehen konnte ich den Tag der Liebe natürlich nicht.

Ich hatte mich also rechtzeitig um eine Überraschung gekümmert und dann kam auch schon der Karneval, Entschuldigung, Valentinstag.

Keine Ahnung, wie ich das Ganze mit circa fünf Promille noch auf die Reihe bekam, doch ich schickte ihr eine SMS, in der ich sie dazu aufforderte, in ihr Zimmer zu gehen. Danach solle sie drei Schritte Richtung Kleiderschrank, eine viertel Drehung Richtung Bett machen, noch mal fünf Schritte nach links gehen, um dann vor ihrem Bücherregal zu stehen. Reihe acht, drittes Buch von rechts herausziehen, bitte, und schon sei sie am Ziel. Das Ziel war? Eine Schachtel Pralinen und ein Umschlag mit einer Karte, auf die ich in Schönschrift geschrieben hatte: »Wenn ich wieder da bin, brauche ich neun Stunden deiner Zeit. Alles Weitere erfährst du bei meiner Rückkehr.«

Diese Überraschung, mit der Merle auf keinen Fall gerechnet haben konnte, verzückte sie total und sie sagte, sie freue sich wahnsinnig auf mich. Doch irgendwie kamen wir nie dazu, diese Überraschung einzulösen.

Stattdessen folgte ich Merle nach Berlin, wo wir ihre Eltern besuchten. Und schon allein das war mir zu viel. Wie auf einem Präsentierteller wurde ich ausgestellt. Es hätte mich nicht mal mehr gewundert, wenn die Eltern noch einen Salto von mir verlangt hätten.

Nach dem Treffen war ich ernüchtert. Hatte ich überhaupt Bock auf was Festes? Und wenn ja, hatte ich Bock auf was Festes mit Merle? Sie war ja ganz in Ordnung, aber war ich überhaupt bereit für so was?

Auf dem Weg zurück im Zug setzte Merle meinen ganzen Überlegungen noch eins drauf. Euphorisch und offensichtlich vollkommen unwissend, was sie damit bei mir auslösen würde, sagte sie: »Jetzt hast du also schon meine Eltern kennengelernt. Wenn es so weitergeht, verlieb ich mich richtig in dich.«

Ich nickte nur und schaute dann die ganze Fahrt über aus dem Fenster.

Es war zwar schön mit Merle, doch irgendwie drehte sich das Beziehungskarussell entschieden zu schnell. Ich saß auf meinem Pferdchen, fuhr Runde um Runde und mittlerweile war mir kotzübel und ich wollte nichts lieber, als wieder abzusteigen.

Merle sagte ich von alldem kein Wort.

Zurück in Ilmenau dachte ich darüber nach, mit Merle Schluss zu machen. Es wartete aber immer noch die Valentinstagsüberraschung auf sie, die sie bisher nicht eingelöst hatte. Das allein hielt mich davon ab, einen Strich unter unseren Beziehungsversuch zu ziehen.

Also machte ich mich einige Tage später mit Merle auf den Weg. Ich hatte alles perfekt vorbereitet: Sie musste sich ins Auto setzen und die ganze Fahrt über die Augen geschlossen halten, damit sie auch ja nicht mitbekam, wo wir hinfuhren. Bis wir schließlich am Ziel waren und sie die Augen öffnen durfte: Wir standen vor dem Eingang eines Meeresaquariums.

»Wow!!!! Das wollte ich schon immer einmal machen. Woher wusstest du das? Wahnsinn!«, quiekte Merle und umarmte mich so fest, wie ich es bei ihrer zierlichen Gestalt niemals für möglich gehalten hätte. Sie freute sich riesig.

Und so verbrachten wir einen ganzen Tag in diesem Meeresaquarium. Pärchenlike flanierten wir Hand in Hand durch die Gänge. Wir schauten uns Fische an und Krokodile. Wir durften Rochen auf dem Rücken streicheln und eine Fütterung mitansehen.

> Irgendwie drehte sich das Beziehungs-
> karussell entschieden zu schnell.
> Ich saß auf meinem Pferdchen,
> fuhr Runde um Runde und mittlerweile
> war mir kotzübel und ich wollte
> nichts lieber, als wieder abzusteigen.

Alles in allem war meine Überraschung ein großer Erfolg: Merle hatte ein Strahlen im Gesicht, das ich vorher noch nie bei ihr gesehen hatte.

Freudestrahlend verließen wir gegen Abend das Aquarium und stiegen ins Auto. Meter um Meter entfernten wir uns von dem Ort, an dem Merle wahrscheinlich die schönsten und romantischsten Momente mit mir erlebt hatte. Der Tag war perfekt gewesen, von vorne bis hinten.

Ich hatte nun meine Schuld eingelöst und ging zu Schritt zwei meiner Planung über.

»Das war wirklich ein wunderschöner Tag«, begann ich, doch Merle fiel mir sofort träumerisch ins Wort: »Oh ja, das war wirklich ein wunderschöner Tag!« Dazu legte sie auch noch ihre linke Hand auf meine und schaute mich verliebt von der Seite an.

Nein, sie machte es mir definitiv nicht leicht.

»Nun ja, aber ich muss dir etwas sagen.«

Sofort wich die romantische Stimmung einer eisigen Atmosphäre und Merles eben noch verliebter Gesichtsausdruck wandelte sich plötzlich in eine Miene, die von Angst und Beunruhigung geprägt war. Schnell zog sie ihre Hand zurück und fragte: »Was musst du mir sagen?«

»Na ja, also, ich sage es mal ganz direkt: Das Ganze mit dir geht mir zu schnell, ich mach Schluss.«

Mein Geständnis traf Merle so unverhofft wie Schneefall im Sommer. Den ganzen Tag lang hatte sie sich an mich geschmiegt, mich geküsst, mir durchs Haar gestrichen und ich hatte mir nicht eine Minute anmerken lassen, was ich nach dem Besuch des Aquariums vorhatte.

Das nächste Mal, wenn Merle ein Meeresaquarium sieht, wird sie wahrscheinlich nicht gerade erfreut sein.

31

Und jetzt noch einen schönen Geburtstag

Sören (35), Kfz-Mechaniker, Gießen,
über
Katinka (27), Büroangestellte, Gießen

Ich wollte von Katinka nur eine Sache: Sex. Nicht mehr und nicht weniger. Eigentlich hätte man unser Wochen andauerndes Intermezzo auch »Affäre« nennen können. Doch das passte irgendwie nicht zu Katinka. Sie war jung, gerade mal 18 geworden, und naiv wie beinahe alle ihre Altersgenossinnen. Sie dachte offenbar wirklich, dass sie und mich »wahre Liebe« verband. Von mir aus sollte sie das denken, Hauptsache sie stieg mit mir ins Bett.

Anfangs klappte mein Plan vorzüglich: Katinka war mir hörig und tat alles, was ich von ihr wollte. Aber nach und nach begann sie, ihre Tentakel nach mir auszustrecken. Ihr Plan war bestimmt, mich an gewisse Beziehungspflichten heranzuführen. Das Ergebnis war jedoch, dass sie mir unfassbar auf die Nerven ging.

Nein, ich wollte nicht mit zu den Geburtstagspartys ihrer Freunde, nicht auf die Hochzeit ihrer Tante und auch im Allgemeinen gar nicht erst mit Katinka gesehen werden.

Das lag nicht an ihrem Äußeren. Sie war ein richtiges Geschoss: Schlanke Figur und unnormal große Brüste. Oh Mann, ich träumte sogar von ihren Brüsten. Wenn das Mädchen nur in der Lage gewesen wäre, einfach die Klappe zu halten und mich – abgesehen vom Sex – in Ruhe zu lassen, wir hätten richtig lange zusammenbleiben können.

Doch das konnte sie nicht und das entsprach auch nicht ihrer Natur. Sie war nämlich strohdumm. Nicht einen Moment verstand sie, dass ich sie eigentlich nur ausnutzte und sie mir so gut wie nichts wert war.

Ich ließ sie abends sitzen, wenn Kumpels anriefen, weil sie in die Disco wollten. Dann ging ich mit den Jungs raus, trank mich beinahe ohnmächtig, baggerte andere Frauen an und fiel am frühen Morgen stinkend und dreckig neben ihr ins Bett. Manchmal fummelte ich noch so lange an ihr rum, bis sie mit mir Sex hatte – und meistens schlief ich dann dabei ein.

Sie machte alles für mich, so verliebt war sie. Sie kochte sogar Essen, was leider oft ungenießbar war. Die einfachsten Sachen bekam sie, trotz Rezept, nicht auf die Reihe. Ich weiß bis heute nicht, ob sie des Lesens nicht mächtig war oder einfach nicht das geistige Volumen zur Verfügung hatte, um das, was sie gelesen hatte, auch zu verstehen. Die Kartoffeln waren noch steinhart, das Fleisch roh und alles in einer Art und Weise gewürzt, die es mir schwer machte, das Ganze nicht sofort wieder auszuspucken. Aber: Sie gab sich Mühe beim Kochen, also gab ich mir Mühe beim Probieren.

Manchmal war sie auch ganz süß. Am liebsten mochte ich sie, wenn sie schlief, dann war sie still und sah aus wie ein kleiner Engel. Die blonden Haare legten sich um ihren Kopf, als hätte ein Künstler sie dorthin gemalt. Ihre Augen geschlossen, die Spannung aus dem Gesicht gezogen. Wunderschön.

Aber machte sie Augen und Mund wieder auf, war es vorbei mit der Harmonie. Sie redete und redete und redete und nichts von dem, was sie sagte, interessierte mich. Ob es um ihre Freundinnen ging, neue Klamotten oder sonstigen Mädchenkram: Katinka wusste Bescheid und noch dazu alles besser. Irgendwann gewöhnte ich mir an, meine Ohren auf Durchzug zu stellen. Da rein, da raus. So bekam ich es hin, dass nichts von dem Schrott, den sie erzählte, bei mir hängen blieb.

Deshalb vergaß ich auch ihren Geburtstag. Sie hatte es mir bestimmt hundertmal erzählt, doch ich hatte es nicht ein einziges Mal mitbekommen.

Aufgrunddessen war ich an ihrem Geburtstag auch nicht bei ihr, sondern bei mir. Ein Kumpel war zu Besuch und wir zockten auf dem Computer, als sie mich anrief.

> *Sie war ein richtiges Geschoss: Schlanke Figur und unnormal große Brüste. Oh Mann, ich träumte sogar von ihren Brüsten. Wenn das Mädchen nur in der Lage gewesen wäre, einfach die Klappe zu halten.*

»Hallo!«, quietschte sie in mein Ohr. Mit einem Wort hatte sie meinen kritischen Nervpegelstand bereits überschritten.

»Wann kommst du denn?«, fragte sie mich dann.

»Warum soll ich denn kommen?«, fragte ich genervt zurück.

»Haha, du bist lustig. Na weil mein Geburtstag ist, sollst du kommen, hihi.«

Shit! Da hatte ich jetzt überhaupt keinen Bock drauf.

»Wir sitzen alle zusammen am Kaffeetisch und warten schon auf dich!«

Oh no! Da hatte ich noch weniger Bock drauf.

»Ich komme bald«, sagte ich schnell und legte auf.

Unbekümmert zockte ich weiter, bis sie wieder anrief.

»Ich komme bald«, sagte ich wieder und legte auf. Eine Stunde verging, da rief sie wieder an.

»Meine Fresse, wie mich dieses Mädchen nervt«, stöhnte ich nur. »Wenn sie noch einmal anruft, mache ich mit ihr Schluss, am Kaffeetisch, vor ihrer ganzen Family.«

»Machst du nicht, du bluffst doch. So ein Arsch bist nicht mal du«, meinte mein Kumpel. Das forderte mich natürlich heraus.

Als das Telefon zum vierten Mal klingelte, war mein großer Moment gekommen. Ich holte aus zum Finalschlag. Hörbar ungeduldig, aber noch immer in fröhlicher Erwartung fragte Katinka mich wieder: »Sören, wann kommst du denn endlich?«

»Weißt du was, Katinka? Ich komme gar nicht mehr, ich habe nämlich keinen Bock mehr auf dich, ich mach Schluss.«

Mein Kumpel starrte mich erst mit offenem Mund an und musste dann umso mehr an sich halten, um nicht laut loszulachen.

»Das machst du nicht«, sagte Katinka ungläubig.

»Doch, das mache ich. Du nervst mich unerträglich. Ich halte es mit dir nicht mehr aus. Und jetzt noch einen schönen Geburtstag!« Mit diesen Worten legte ich auf.

Oh doch, ich bin so ein Arsch.

32

Es geht endgültig nicht mehr

Ronja (24), Studentin, Frankfurt am Main,
über
Sven (29), Verwaltungsfachangestellter, Frankfurt am Main

Damals war ich 16 Jahre alt und hatte eigentlich nicht vor, mich fest zu binden. Doch ich hinkte hinterher. Alle meine Freundinnen hatten entweder schon einen Freund oder wollten unbedingt einen.

So kam es auch, dass ich Sven kennenlernte. Mit einer Freundin war ich in einer Kneipe nicht weit von unserem Wohnort entfernt gelandet. Sie begann sofort, das Terrain zu sichten. Und siehe da, es gefiel ihr sogar einer. Sie bekam es hin, dass er mit ihr sprach. Ich stand daneben und musste ein Kopfschütteln und Augenrollen unterdrücken. Der Typ war dumm wie Brot. Und in seinem Fall war das nicht mal amüsant, sondern einfach nur langweilig.

Ein paar Wochen später war die Euphorie meiner Freundin passé. Der Typ hatte kein Interesse an ihr und das war ihr für ihre Verhältnisse beachtlich schnell aufgefallen. Doch verstehen heißt nicht akzeptieren.

Als sie und ich uns wieder mal in besagter Kneipe aufhielten, jammerte sie sich bei einem seiner Freunde aus. Nach wenigen Minuten des Danebenstehens wurde mir das Ganze zu öde und ich entfernte mich Schritt für Schritt, bis ich weit genug weg war, um nichts mehr mitzubekommen, aber immer noch in Sichtweite zu sein.

Die beiden redeten richtig lange miteinander, schauten oft zu mir rüber und ich signalisierte meiner Freundin: Yeah! Schnapp dir doch einfach den Nächsten!

Als mir langweilig wurde und ich meine Freundin drängte, mit mir den Heimweg anzutreten, stellte sie mich noch kurz dem Freund vor.

»Hallo, ich bin Sven.«

Soso, war mir relativ egal, aber hallo zurück. Die beiden tauschten Nummern und ich war froh darüber. Wer einen Neuen im Blickfeld hat, jammert nicht mehr über den Alten, oder?

Aber es sollte ganz anders kommen.

Eines Abends gingen wir zu dritt ins Kino. Mir war zwar nicht klar, warum ich mitkommen musste, aber ich fragte nicht weiter nach, besorgte Popcorn und freute mich auf den Film. Dass ich nicht als Anstandsdame eingeplant war, bemerkte ich, als ich in der Mitte platziert wurde. Tolle Freundin, dachte ich nur.

Nach dem Film gingen wir noch etwas trinken. Die beiden unterhielten sich gut und flüssig. Das einzig Störende an ihrer Kommunikation war, dass sie ständig versuchten, mich mit einzubeziehen. Das Fazit des Abends war, dass ich Sven nett fand. Mehr aber auch nicht.

»Hättest du dich zum Valentinstag nicht gemeldet, wäre für mich die Sache beendet gewesen.« Gut, dass für mich die Sache an diesem Punkt noch nicht mal begonnen hatte.

Aber Sven brachte sich wieder ins Spiel. Nach dem Kinoabend fragte er mich, ob ich auch alleine mit ihm ausgehen würde, und so trafen wir uns ein paar Wochen lang.

Als ich zu meinem siebzehnten Geburtstag eine Party gab, lud ich Sven deshalb auch ein. Es kamen ungefähr zwanzig Leute, die verpflegt und beschäftigt werden wollten. Ich wuselte geburtstagsfeiergerecht von der Küche zur Feier, zu dieser Freundin und diesem Freund und wieder in die Küche.

Das war Sven zu wenig Aufmerksamkeit für seine Person. Er saß nur rum, unterhielt sich mit niemandem und sein Gesicht wurde immer unansehnlicher. Er ließ alle Gesichtszüge hängen wie ein Hushpuppy. Aus Trotz setzte er sich nach einer Weile in sein Auto und verließ die Party, ohne Tschüss zu sagen. Wenn ich ehrlich bin, war mir das ziemlich egal. Wenn zwanzig Gäste im Haus sind, ist doch klar, dass nicht jeder meine hundertprozentige Aufmerksamkeit haben kann. Ich feierte, nachdem er motzig abgezogen war, unbeirrt weiter.

Kurz nach meinen Geburtstag war Valentinstag. Ich hatte eine Kleinigkeit für Sven besorgt und meldete mich ganz unbedarft bei ihm.

Erst im Nachhinein wurde mir bewusst, wie sehr Sven an der Geburtstagsaktion zu knabbern hatte.

»Hättest du dich zum Valentinstag nicht gemeldet, wäre für mich die Sache beendet gewesen.«

Gut, dass für mich die Sache an diesem Punkt noch nicht mal begonnen hatte.

Trotz der Anfangsschwierigkeiten kamen wir zusammen. Die große Liebe war das von meiner Seite aus aber nie. Wir trafen uns zwar oft, unternahmen viel miteinander und verstanden uns auch gut. Doch meine Freunde waren mir immer wichtiger als er. Rief eine Freundin an und wollte etwas mit mir unternehmen, sagte ich ihm ab. Mitkommen durfte er auch nicht. Und mit zu seinen Freunden wollte ich schon gar nicht. Die waren mir alle zu primitiv und Sven war es mir nicht wert, dass ich mich den ganzen Abend langweilte. So waren wir entweder allein zusammen oder getrennt bei Freunden.

Selbst Urlaub wollte ich nicht mit ihm machen. Das Geld war mir zu schade. Wenn ich schon so viel Geld sparte, dann doch lieber, um mit meinen Freunden zu verreisen.

Sven war für mich ein Lückenfüller. Leider nicht mal ein guter.

Doch er ließ sich von nichts abschrecken und lief weiter blind durch den Wald. Ich frage mich, woher er die Motivation nahm, sich noch mit mir zu treffen. Die Beziehungspfeife hielt eindeutig ich in der Hand und er schlängelte und wand sich nach der jeweiligen Melodie, die ich spielte.

Dass es so nicht weitergehen konnte, bemerkte ich, als ich ihn eines Abends besuchte. Ich war mit den Gedanken gar nicht richtig bei ihm und plötzlich wurde mir klar, dass es mir sogar lieber gewesen wäre, am Schreibtisch meine Hausaufgaben zu machen, anstatt hier neben ihm zu hocken. Ich zensierte mich selbst: lieber Hausaufgaben machen? Das ging jetzt wirklich zu weit und war nicht mal mehr annähernd richtig und fair ihm gegenüber.

In den nächsten Tagen ging ich in mich und überlegte mir die ganze Sache gut. Konnte ich ohne ihn? Ja, konnte ich. War ich unglücklich ohne ihn? Nein, war ich nicht. Alle meine Überlegungen mündeten darin, dass ich Schluss machen sollte. Es wäre für uns beide das Richtige. Er musste ja selbst gemerkt haben, dass es zwischen uns nicht gut lief.

Ich setzte mich also ins Auto und fuhr zu ihm. Er führte mich in seine Wohnung und ich ging direkt aufs Sofa zu. Als auch er saß, begann ich auch schon zu reden: »Hör zu, Sven, ich hab mir die letzten Tage Gedanken gemacht und bin zu dem Entschluss gekommen, dass es besser wäre, wenn wir uns trennen. Es läuft einfach nicht mehr zwischen uns.«

> *Alle meine Überlegungen mündeten darin, dass ich Schluss machen sollte. Es wäre für uns beide das Richtige. Er musste ja selbst gemerkt haben, dass es zwischen uns nicht gut lief.*

Ich hatte mir das alles ganz einfach vorgestellt. Hinfahren, Schlussmachen, Heimfahren und gut. Aber was dann kam, damit hatte ich nicht gerechnet. Sven, ein Bär von Mann, begann, vor meinen Augen mit den Tränen zu kämpfen, und verlor den Kampf. Er weinte und weinte und hörte gar nicht mehr auf. Schlussendlich brach er zusammen.

Ich beobachtete die Szenerie fassungslos.

»Tut mir leid«, sagte ich, als ich es nicht mehr aushielt, und verließ die Wohnung.

Während ich mich ins Auto setzte, begann es langsam zu regnen. Tropfen schlugen auf die Windschutzscheibe und nahmen mir mehr und mehr die Sicht. Doch es besserte sich nicht, als ich den Scheibenwischer über die Scheibe gleiten ließ. Es war nicht der Regen, der meinen Blick trübte, ich weinte. Svens Reaktion hatte mich dermaßen überrumpelt, dass ich nicht mal die Tränen gespürt hatte.

Der Kontakt zwischen Sven und mir brach trotz unserer Trennung nicht ab, bald trafen wir uns wieder. Das änderte aber nichts an der Entscheidung, die ich getroffen hatte. Für mich waren die Treffen mit Sven kein Reloading unserer Beziehung, sondern nichts weiter als Freundschaft plus.

Das ging etwa ein Jahr so. Je näher mein Abitur kam, umso mehr rückte das Lernen in meinen Fokus und Sven wurde mir immer unwichtiger. Ein Ende unserer halbherzigen Verbindung war für mich absehbar. Es war ein unaufhaltsamer Prozess.

»Was wünschst du dir?«, fragte er mich kurz vor meinem neunzehnten Geburtstag. Ich wollte nicht, dass er mir was schenkte. Ich wollte nicht, dass er sich noch Mühe gab, mir eine Freude zu machen.

»Du musst mir nichts mehr schenken«, sagte ich darauf nur und wich weiteren Gesprächen aus. Spätestens da hätte er riechen müssen, dass das nächste Ende nah war.

An einem Abend im Februar rief er mich an, um mit mir zu besprechen, was wir unternehmen.

»Hast du Lust auf Kino? Oder wollen wir was trinken gehen?«

Da machte es plötzlich Klick. Ich wollte weder mit Sven ins Kino, noch etwas mit ihm trinken. Ich wollte ihn nicht mal mehr sehen.

»Gar nichts davon. Es geht nicht mehr.«

Sven wurde von meiner Reaktion völlig überrascht: »Wie? Was geht nicht mehr?«

»Na das mit uns. Ich kann das nicht mehr. Es geht endgültig nicht mehr.«

Anstatt den Abend mit Sven im Kino zu verbringen, saß ich vor meinen Büchern und lernte fürs Abi. Und es fühlte sich gut an.

33

Ich steige niemals wieder zu dir ins Auto

Tobias (23), Auszubildender, Frankfurt am Main,
über
Toni (21), Studentin, Mainz

Immer wenn ich an unserem Familienesstisch sitze, denke ich an Toni. Dann sehe ich uns, wie wir den besten Sex meines Lebens auf diesem Tisch haben, an dem meine Eltern jeden Abend essen. Oh Toni, meine Toni. Wie sehr ich es heute noch bereue, diese wundervolle Frau ihren Weg ohne mich weitergehen lassen zu haben. Sie war perfekt für mich, doch ich war jung, dumm und naiv. Damals dachte ich, es könnte bessere Frauen für mich geben. Welche, die mich noch glücklicher machen könnten, als ich es mit Toni bereits war. Leider erkennt man die meisten Dummheiten erst zu spät.

Ich war 16, als ich Toni kennenlernte, und gerade in einer Beziehung mit ihrer besten Freundin. Doch als ich Toni zum ersten Mal sah, war mir klar, dass sie die Frau war, die ich wollte. Das war *die* Frau. Nur *die* sollte es sein. Ich beendete die Beziehung zu ihrer bester Freundin und pirschte mich langsam an Toni heran. Und als ich ihr nach einer Weile die Hand hinstreckte, nahm sie diese in ihre. Toni war traumhaft. Sie war wunderschön. Jeder meiner Freunde beneidete mich um sie. Aber sie war nicht nur schön, sondern auch klug und liebevoll. Einen solch großartigen Menschen hatte ich bis dahin nicht kennengelernt. Toni war und ist eindeutig meine große Liebe.

Ich stellte mir damals vor, dass ich mit dieser Frau alt werden würde. Mein Großvater hatte meine Oma auch mit 16 kennengelernt und ich erhoffte mir die gleiche Zukunft mit Toni.

In den ersten Jahren sah es so aus, als ob wir das hinbekommen würden. Wir hatten eine Rosa-Wölkchen-Beziehung. Es gab kaum Streit und wenn, dann war er nie wirklich ernsthaft.

Jeder in meiner Familie liebte Toni, sie wurde reibungslos integriert. Immer wenn sie unser Haus betrat, wurde ich zur Nebensache, und ich genoss es sogar, mit anzusehen, wie gern jeder Toni mochte. Sie war einfach perfekt.

Einmal erwischte mich eine fiese Grippe und ich lag leidend im Bett. Da lief sie wirklich eine Stunde zu Fuß durch die Stadt, um zu mir zu kommen und mich zu pflegen. Als ich sie sah, bekam ich Lust auf Sex. Danach ging es mir aber so schlecht, dass ich sie bat, wieder zu gehen. Als sie das, ohne zu murren, hinnahm, war ich mir hundertprozentig sicher, dass sie die Richtige für mich war.

Noch heute besitze ich etliche Briefe von ihr. Sie führte sogar so etwas wie eine Art Beziehungstagebuch. Jeden Tag schrieb sie auf, was zwischen uns geschehen war, und hielt mit Fotos alles fest, was wir zusammen erlebt hatten.

> Ich hatte einfach auf einmal wieder Bock, 16 zu sein. Die ganze Verantwortung, die auf mir lastete, wurde mir zu viel und dadurch wurde mir auch die Beziehung mit Toni zu viel.

Kurz vor ihrem Geburtstag schwänzte ich mal den Unterricht, um mir ein Tattoo stechen zu lassen. Als ich danach zurück in die Schule kam, war Toni dermaßen sauer auf mich, weil ich einfach geschwänzt hatte. Sie brüllte mich an: »Warum schwänzt du? Was soll das denn?«

Im Gegensatz zu mir war Toni ein sehr bedachter Mensch, dem Schwänzen nie in den Sinn gekommen wäre. Dabei hatte ich doch nur ihretwegen mal eine Stunde pausiert. Meine Wade ziert seit diesem Tag nämlich ein chinesisches Schriftzeichen. Es heißt übersetzt »Toni«.

Da Toni sich nicht beruhigen ließ, musste ich ihr das Tattoo bereits vor ihrem Geburtstag zeigen, obwohl es eigentlich als Überraschung geplant war. Von einem auf den anderen Moment war sie dann still.

Schon etliche Male hatte ich mit ihr über Tattoos gesprochen und wir waren uns beide einig darüber gewesen, dass man sich nur etwas tätowieren lassen sollte, womit man sich wirklich sicher ist. Einen besseren Liebesbeweis hätte ich ihr also gar nicht liefern können. Und in diesem Moment war Toni eine noch tausendmal bessere Freundin als vorher schon.

Toni und ich, das war eine Liebe, die für immer halten würde. Mit ihr würde ich eine Familie gründen und auf ewig zusammenbleiben.

Das dachte ich, bis ich 19 wurde. Drei Jahre ging diese Traumbeziehung bereits, als ich anfing, mich von Toni abzunabeln.

Es war nicht mal gewollt und so richtig weiß ich auch heute noch nicht, was mir eigentlich dazu den Anlass gab. Ich hatte einfach auf einmal wieder Bock, 16 zu sein. Die ganze Verantwortung, die auf mir lastete, wurde mir zu viel und dadurch wurde mir auch die Beziehung mit Toni zu viel. Immer wieder sprach sie von unserer goldenen Zukunft. Ich weiß, ich hatte das alles mal genauso gesehen, doch diese Tage waren vorbei. Ich fühlte mich von ihren ganzen Plänen erdrückt.

Ich wollte wieder frei sein und auch andere Frauen kennenlernen. Wie schon erwähnt, war mir damals nicht klar, dass keine Frau meiner Toni jemals das Wasser reichen könnte. Doch auch wenn es mir jemand gesagt hätte, hätte ich es nicht geglaubt.

Toni passte einfach nicht mehr in meinen Plan vom Leben.

Eigentlich wollten wir an diesem Abend zusammen ins Kino gehen und Toni rechnete auch noch damit, als sie sich zu mir ins Auto setzte.

Aber unser Weg führte uns nicht zum Kino. Ich fuhr erst mit ihr durch einen Wald. Dahinter erstreckte sich eine weite Feldlandschaft. Und ich hielt an.

»Was machen wir hier? Der Film fängt gleich an«, fragte Toni verwundert.

»Wir gehen heute nicht zusammen ins Kino.«

»Aha, und warum nicht?«

»Weil ich mit dir reden muss.«

Sofort wurde Toni kreidebleich. Es war nicht zu übersehen, wie sie sich in ihrem Sitz verkrampfte und die Finger zu einer Faust zusammenzog. Dann fing sie auch noch an, auf ihrer Lippe herumzubeißen. Das machte sie immer, wenn sie nervös war.

»Ich kann nicht mehr mit dir zusammen sein, es passt einfach nicht mehr.«

Als ich die Worte ausgesprochen hatte, machte Toni einen Gesichtsausdruck, als würde ihr Herz explodieren. Wahrscheinlich hätte sie niemals damit gerechnet, dass ich mit ihr Schluss mache.

»Das machst du nicht wirklich, oder? Das ist nicht dein Ernst! Du fährst mit mir ganz romantisch ins Feld, um mit mir Schluss zu machen?« Sie wurde immer lauter. »Du Lügner, du hast mich nur belogen! Du hast mir gesagt, du würdest mich heiraten. Alles Lüge!«

»Beruhig dich, Toni, bitte, es tut mir leid.«

»Es tut dir leid? Es tut dir leid? Weißt du was? Mir tut es leid! Ich hab meine Zeit mit dir verschwendet. Du warst es nicht eine Sekunde wert!« Kurz atmete sie tief ein und aus. Dann fragte sie mich in einem ruhigen Ton: »Liebst du mich nicht mehr?«

»Nein, Toni, ich liebe dich nicht mehr.«

Sie schrie mich an: »Du liebst mich also nicht mehr? Und seit wann weißt du das? Seit wann lässt du mich im Ungewissen?

Wusstest du es schon, als du diese Woche mit mir geschlafen hast? Du Arschloch, ich hätte es wissen müssen.«

Dann drehte sie sich um, tat einen Schritt nach dem anderen und entfernte sich von mir in Richtung Wald.

»Wo willst du hin?«, rief ich ihr hinterher.

»Nach Hause!«, schrie sie zurück.

Ich stieg ins Auto und fuhr ihr nach, als ich sie eingeholt hatte, kurbelte ich das Fenster runter. »Bitte, Toni, steig ein. Ich fahre dich nach Hause.«

»Ich steige niemals wieder zu dir ins Auto. Das kannst du so was von vergessen!«

Sie war fast durch den ganzen Wald gelaufen, als ich sie endlich so weit hatte, dass sie zu mir ins Auto stieg. Die ganze Fahrt über sagte sie kein Wort. Als wir bei ihr zu Hause angekommen waren, stieg sie genauso wortlos aus, schmiss die Tür zu und drehte sich nicht mal mehr nach mir um.

Was ich heute sage, wenn mich jemand nach meinem Tattoo fragt? Ich sage meistens, dass es »Ich hab den Größten« heißt. Nur Wenige wissen, was wirklich dort steht.

Danke

Ich danke meiner Mutter, die mich immer hat meinen Weg gehen lassen, ohne mich gehen zu lassen.

Ich danke Frau Mayer, die mich erstens zurück nach Köln und zweitens zurück zum Schreiben gebracht hat.

Ich danke Sab für das Lesen jeder einzelnen Geschichte. Du wurdest dessen nie müde und deine Korrekturen waren nicht nur amüsant, sondern Gold wert.

Ich danke Ibo, Lene, Yannick und Ninchen. Dafür, dass ihr mein Heulen, Jammern und Schreien ertragen und mich trotz allem noch lieb habt.

Ich danke allen Protagonisten. Danke, dass ihr eure intimsten Geschichten mit mir geteilt habt – und das in manchen Fällen sogar obwohl ihr mich gar nicht kanntet. Danke für euer unermessliches Vertrauen.

Ich danke Bully, der mich überhaupt auf die Idee gebracht hat, eine Danksagung zu schreiben.

Ich danke dem Schwarzkopf & Schwarzkopf Verlag für diese einmalige Chance und allen voran Caro, die mir stets mit Rat und Tat zur Seite stand.

Ich danke J.W. vom Kleinfeld. Für alles, was war, ist und sein wird.

DIE AUTORIN

Natalie Harapat zog es in jungen Jahren aus der hessischen Heimat nach Köln. Nach ersten eigenen Erfahrungen im Laufpass-Geben trieb sie die Frage um, warum Menschen sich bekriegen, die einander einst geliebt haben – also schrieb sie ein Buch darüber. *Schluss. Aus. Ende.* ist ihr Printdebüt.

Natalie Harapat
SCHLUSS. AUS. ENDE.
33 wahre Geschichten von fiesen Herzensbrechern, verletzten Verlassenen und spektakulären Trennungen

ISBN 978-3-89602-589-0
© Schwarzkopf & Schwarzkopf Verlag GmbH, Berlin 2011

Lektorat: Carolin Stanneck

KATALOG
Wir senden Ihnen gern kostenlos unseren Katalog.
Schwarzkopf & Schwarzkopf Verlag GmbH
Kastanienallee 32, 10435 Berlin
Telefon: 030 – 44 33 63 00
Fax: 030 – 44 33 63 044

INTERNET | E-MAIL
www.schwarzkopf-schwarzkopf.de
info@schwarzkopf-schwarzkopf.de